新潟を味わう

新・食は新潟にあり
── 新しい食と伝統の食 ──

本間伸夫

まえがき

　前書の『新潟の風土・食・食文化　食は新潟にあり』の初版が2008（平成20）年に、増補改訂版が2010年に出版されてからすでに十数年が経過している。

　光陰矢の如しというが、現代社会ではまさにその通りで時間経過が真に早い。この十数年の間に、2011年の東日本大震災や2019年に始まるコロナ禍などという大規模な災難を経験したためか、ことさらに短く感じてしまう。

　食に絞って振り返ってみると、この十数年の間に食生活の変化を示す興味ある事柄を多数見出すことができる。例えば2014年、この年以降、家計調査における肉類への支出金額が穀類を上回っている。おおげさに表現すると、この2014年は主食の座を穀類から肉類に変更することで、日本人は食生活を農耕民族的から狩猟民族的に変化していることを示す象徴的な年となる。同様の例として、2010年にコーヒーが緑茶を、同じ2010年にレタスがほうれん草を、2011年にはパンが米を、2016年にチョコレートがせんべいを超えている。いずれも栄枯盛衰という言葉を思い起こす印象的な事柄だ。

　また、コロナ禍が日本人の食生活に及ぼした影響についてのある都市銀行の調査報告書＊に、コロナ禍によって食生活が良くなった理由も悪くなった理由も、ともに“外食の機会が減ったこと”という回答が最も多いことが報告されている。外食が想像以上に深く日本人に定着していることを示すものである。

　これらの事例は、われわれを取り巻く食の環境が十数年前から著しく変化していることを示しているものであり、前書の内容の再検討を迫るものであることから、次のように構想を新たにして執筆することにした。

1　新潟の風土と食文化の関係を示しながら、伝統の食と現代の食を対象とする。それも、大きな県であるので容易なことではないが、県下満遍なく取り上げるように努める。

2 新潟県における生産や流通だけでなく消費についても、独りよがりにならないように、日本の中の新潟という立場でもって、客観的に見つめていく。
3 できるだけ裏付けを求め、証拠として最も信用できるものとして数値に重点を置き、そのため、縦書きよりも数値の表現に適している横書きを採用する。いわゆるスマホは横書きであって、ほとんどの人が横書きに慣れて来ているはずと思っており、近い将来には横書きが主流になるものと予測している。
4 楽しく理解が深まるように、イラスト・グラフ・地図・写真を多用する。
5 新潟県が発展するために指向しなければならない重点の一つが食であると信じているので、そのために何らかの役立つ内容になるように心掛ける。

　本書が、広く多数の人に楽しみながら読んでいただいて、食の新潟の理解に少しでも役立つことがあるように願っています。

本間 伸夫

＊三菱 UFJ リサーチ＆コンサルティング・政策研究レポート（2021 年 8 月 4 日）

新潟の風土

春　　　　　　　　　　岩首昇竜棚田の田植え／佐渡市

夏　　　　　　　　緑が映える高田平野と頸城の山々／上越市

春夏秋冬

秋　　　　　　　　　岩船コシヒカリの収穫／村上市

冬　　　　　　　　　越冬する野鳥の宝庫、福島潟／新潟市

目 次
Contents

- 03 まえがき
- 04 新潟の風土 春夏秋冬

09 春

- 10 とう菜 ― 女池菜・大崎菜・アスパラ菜・川流れ菜・城之古菜 ―
- 12 ユリワサビとその漬物・ワサビ
- 13 春の山菜 ― 木の芽・みずな・根曲がり竹・こごみ・ゼンマイ・ワラビ ―
- 16 ほうれん草・小松菜・レタス
- 18 イチゴ・越後姫
- 20 トマト
- 21 柚餅子・柚香里
- 22 雛祭り ― 菱餅・雛あられ・草餅・苺大福 ―
- 24 三角粽・あく巻
- 26 やせごま
- 27 笹団子
- 28 笹餅・なた巻・かや巻き団子・いばら団子・せんだん巻・かた団子
- 30 白雪糕・玉兎・おか免菓子・米百俵
- 32 越乃雪・くろ羊かん・雲がくれ
- 34 麩 ― 車麩・まんじゅう麩・麩ずし ―
- 36 しょうゆ・ひしお・ソース・ケチャップ・マヨネーズ
- 38 ナチュラルチーズ
- 39 ヨーグルト・飲むヨーグルト・乳酸菌
- 40 米麹みそ・みそ漬け
- 42 豆腐・ジャンボ油揚げ・三角油揚げ
- 44 ビスケット・チョコレート
- 45 タイ・鯛めし・鯛茶漬け

47 夏

48 茶 ― 村上茶・佐渡番茶・茶がゆ・ばたばた茶 ―

51 甘酒・一夜酒

52 梅・梅酒・梅の菓子

54 ぽっぽ焼き・川渡餅・天神講菓子・薄荷糖

56 ジェラート

57 アスパラガス・スイートコーン

58 饅頭 ― 乙まんじゅう・元祖味噌饅頭・大手饅頭・酒饅頭・元祖明治饅頭・お六饅頭 ―

60 スイカ ― 赤塚スイカ・八色西瓜 ―

62 枝豆・ずんだ

64 トウガラシ ― かぐらなんばん・おにごしょう・なんばん味噌・かんずり ―

66 ナス ― 巾着なす・焼きなす・鉛筆なす・十全なす・越の丸なす・笹神なす・越後白なす ―

68 海藻 ― ワカメ・ツルアラメ・ホンダワラとアカモク・モズクとイシモズク・ウミゾウメン・アマノリ類・テングサ・エゴノリ ―

72 鮎の石焼き・わっぱ煮

74 フグの子の粕漬け

75 トビウオ・あご・あごだし

76 鯨肉・鯨汁

77 牛肉・豚肉・鶏肉

80 燻製・ハム・ソーセージ・生サラミ

82 ひこぜん・エゴマ

83 秋

84 米 ― コシヒカリ・こしいぶき・ゆきん子舞・新之助・こがねもち・華麗舞・先人たち ―

89 無菌包装米飯

90 米粉・米粉パン・米粉ケーキ・米粉麺

93 けんさん焼き

94 あんぼ・おやき

96 しょうゆおこわ・おこわ団子・いが栗団子

97 いも ― ヤマノイモ・サトイモ・ジャガイモ・サツマイモ ―

100 米菓 ― 柿の種・あられ・おかき・せんべい ―

104 きのこ ― しいたけ・ぶなしめじ・えのきたけ・なめこ・まいたけ・エリンギ・きくらげ ―

106 かきのもと・もってのほか・おもいのほか・エディブルフラワー

108 北と南のはざま・リンゴ・柿・イチジク・ミカン

112 和梨・洋梨・桃

114 非常食・災害食・ローリングストック

116 酒 ― 清酒・ワイン・ビール・焼酎・ウイスキー・ジン・先人たち ―

123 蕎麦

126 ラーメン

128 イタリアン

129 タレかつ丼

130 カレー・カレーライス

132 粟飴・笹飴・継続団子・栗かん

134 コーヒー・喫茶店

137 冬

138 マタタビ・サルナシ・
　　キウイフルーツ

140 ジビエ ― カモ・イノシシ・シカ・クマ ―

142 赤塚大根・山海漬・辛子巻き・
　　はりはり漬

144 イワシの塩漬け・生ぐさこうこ・魚醤

146 野菜の雪下貯蔵

148 餅・包装餅・いも餅

150 お節料理・昆布巻き・雑煮

152 煮菜・打ち豆

153 のっぺ

156 納豆・きりざい・きりあえ

157 蒲鉾・魚肉練り製品

158 ハス ― 蓮根・いとこ煮・蓮の実・蓮糸 ―

160 ホッコクアカエビ・ズワイガニ・
　　ベニズワイガニ

162 年取り魚・ブリ・ぶり大根・
　　ブリカツ丼

164 イカ・タコ

165 サメ・煮こごり

166 タラ・スケトウダラ・たら子・
　　たらの沖汁・棒だら

168 マガキ・イワガキ

169 のどぐろ・やなぎがれい

170 アンコウ・あんこう鍋

171 塩引き鮭・酒びたし・
　　氷頭なます・はらこのしょうゆ漬・
　　鮭の焼き漬・鮭茶漬

174 すし ― 鮎のすし漬・飯ずし・
　　にしんだいこ・ほっけずし・押しずし・
　　笹ずし・笹箕ずし・握りずし・からずし・
　　巻きずし ―

179 あとがき

180 本書の注釈解説

181 さくいん

本書のデータ表示と家計調査について

　生産関連データは農林水産省所管のものを主とし原則として調査年を記入している。消費関連データは総務省の家計調査に基づくもので、すべて、二人以上世帯の支出金額および購入数量の2021・2022・2023年3ヵ年平均値を表しているので調査年の記載を省略している。

　なお、家計調査は総務省統計局が行う基幹統計調査の一つで、「家計調査」の名称でもって始まったのは1953（昭和28）年。家庭の家計収支と貯蓄負債が調査されており、国民の生活状況が継続的に把握できる、世界的にも稀で貴重な統計として高く評価されている。

　近年における調査世帯の総数は約9,000。世帯の家族構成によって二人以上世帯（全世帯数の約3分の2）と単身世帯の2群に、世帯の所在地域として47都道府県庁所在市及びすべての政令都市（全世帯数の約3分の2）、前記を除く人口5万人以上の市、5万人未満の市町村の3群に分けられている。

春

とう菜
── 女池菜・大崎菜・アスパラ菜・川流れ菜・城之古菜 ──

　寒い冬、春を待ちわびる気持ちの中に新鮮な、いわゆる"青もの"を食べたいという強い願いのあることは、今も昔も変わらない。

　新潟県の越後では、それをいち早く満たしてくれるのが「とう菜」であって、代表的なものとして新潟市の「女池菜」、南魚沼の「大崎菜」、上越市の「アスパラ菜」がある。いずれも、アブラナ科に属している。かつて、この科は4枚の花弁が十字架のように見えることから十字花科と呼ばれていたので、その名の方がなじみ深い人が少なくないのではと思う。

　"とう"は漢字で"薹"と書き、植物の花茎を意味している。アブラナ科の植物は、冬の寒さという刺激を受けた後で春の暖かさを感ずることで、冬の寒さに耐えるために葉や茎などに蓄えておいた糖分などの栄養成分を使いながら花茎を伸ばし始める。それが"薹立ち"であり、とうが立ち過ぎると堅くてまずくなるので、ほどよいところで収穫される。

　江戸時代に始まるという大崎菜は、雪深い魚沼の地で地下水の温かさを巧みに利用して雪を融かしながら栽培するという「水かけ菜」の一種。現在、富士山麓の静岡県東北地域では「水かけ菜」の栽培が大々的に行われており、その漬物もよく知られている。その種子と栽培の技術や漬物の方法は明治中期に越後から来た人が伝えてくれたものだという。何とおおらかな話ではないかと思う。

　女池菜は小松菜の一種であり、女池（新潟市）で明治時代に始まるという歴史を持っている。食味を調えるために、"少なくとも一度は雪の下を過ごさせるのだ"という栽培上のこだわりが魅力的な味わいを育んでいる。

　大崎菜、女池菜の両者とも、葉ととうを食用とするのだが花はまだ顔を見せていない。アブラナ科独特の辛味が甘味と旨味にマッチしており、単純にお浸しにするのが最もおいしい。

　アスパラ菜には「オータムポエム」という別名がある。名前から分かるように、近ごろ誕生した新顔であって、中国菜の「菜心(さいしん)」と「紅菜苔(こうさいたい)」の血を受け継いで日本で育成されたもの。主に上越市を中心に栽培されてきたが、今では下越地方にも広がっている。とうが伸び花芽が見える状態で出荷される。主に花茎が賞味され、その食感がアスパラガスに似て苦味少なく甘くてやわらかい。

　この他、似たものとして新潟市に「川流れ菜」が、十日町市に「城之古菜(のこしな)」があり、いずれも、もっぱら葉ととうを食べる葉菜の一種。外観は、城之古菜は大崎菜や女池菜に似ているのに対して川流れ菜は葉の縮れと切り込みが大きい。

ユリワサビとその漬物・ワサビ

　北海道在住の方のエッセーの一節、"渓流のほとりに群生するクレソンをむさぼるように食べて心身ともにリフレッシュする"とある。新潟に住んでいると、特に長い冬を過ごしてきた方々の気持ちが痛いほどよく分かる。

　いち早く春を感ずる青ものとして、越後にはとう菜があり、佐渡には「ユリワサビ（百合山葵）」がある。雪の少ない佐渡島では、冬でも陽だまりの水辺に自生しているユリワサビをよく見かける。早春の陽射しとともに伸びた花茎を収穫してわさび漬けにする。漬け方の一例。全草を1～2cmの長さに切ったものを軽く空炒りし、温かいしょうゆ味のだし汁が入った専用の壺に入れて栓をする。しばらくすると独特の辛味と香りが生まれ、つーんと鼻にきて辛い。年月を重ねた家の片隅にその専用の陶製の壺を発見することが少なくないという。

　一方、越後側では、雪が生み出してくれる豊かな水を利用してユリワサビの仲間「ワサビ」（ワサビ属）を栽培するわさび園、例えば、日本海石地わさび園（柏崎市）、魚沼わさび苑（魚沼市）、翠工房（糸魚川市）などが開かれている。

ユリワサビ

ユリワサビのわさび漬けの壺

ワサビ

春の山菜
―― 木の芽・みずな・根曲がり竹・こごみ・ゼンマイ・ワラビ ――

　県内のとある民宿で主人から聞いた話。"少しずつでよいのだが日々新鮮なものをいろいろと欲しいのに、春を待ちかねた山菜は一斉に芽吹いてしまって盛りが短いのが困りものだ"と。これは誰もが感じていることであるが、山菜の方にも都合があるに違いない。"しかし、よくしたもので、残雪の谷間を探して行くと、量は多くないが、けっこう長い間いろいろな山菜が採れる。山菜の生育を、雪がうまく調節してくれているのでしょう"とのこと。

　春の雪は大地を潤して山菜を育むだけでなく、こうした役割も果たしているのだと感心した。それに、雪を近くに見る所で採れた山菜となれば、何となくみずみずしく感じてしまう。

　全国的に見ると山菜の利用は東日本、特に東北地方で盛んであって、例えば、この地方独特なものとして「あいこ（ミヤマイラクサ）」「しどけ（モミジガサ）」「ひでこ（シオデ）」「ととき（ツリガネニンジン）」など、その他にもたくさんの山菜が食用になっている。

　西日本で東日本より盛んなのは、ツクシ・スイバ（ぎしぎし）・ツワブキくらいのものであろうか。

　新潟県は雪あり山ありで山菜が豊かであるので、食べることも盛んな方である。しかし上記のミヤマイラクサなどの食用が県内ではあまりポピュラーでは

山菜いろいろ

ないように、全体としては東北地方には及ばないようだ。

(1) 木の芽、みずな

　近年、促成栽培や移入物が多くなったために旬が分かりにくくなっているが、例えば、県内でも雪が多く積もる魚沼(うおぬま)では「ふきのとう(フキの薹)」「こごみ(クサソテツ)」「ゼンマイ」「ウド」「うるい(オオバギボウシ)」「タラノキの芽」「フキ」「ワラビ」「みずな(ウワバミソウ)」といった順に登場するという。

　「木の芽」というと、西日本では主にサンショウの木の芽を、東日本ではタラノキの芽を指すのが普通であるが、ウコギやコシアブラの芽の場合もある。新潟ではアケビの芽を、これこそ木の芽と思い込んでいる人が少なくない。タラノキの芽の穏和な味わいに対して、アケビの芽には野性的な苦味が含まれている。詩人・堀口大学(ほりぐちだいがく)は殊の外アケビの芽を好み、そのために魚沼の地をたびたび訪れている。銀山(ぎんざん)平(だいら)での釣りに夢中になっていた開高健(かいこうけん)もアケビの芽のほろ苦い味を好んでいたという。

　みずなは主に本州の日本海側の谷あいの湿地に群生しているので、「たにな」や「たにふさぎ」の別名もある。珍しいほどあくが少ないのが身上で、油との相性がよいので油炒め、てんぷら、きんぴら、それ

クサソテツとツクシを食べる地域の分布(『聞き書 日本の食生活全集』*1 より)

にとろろにもなる。

(2) 根曲がり竹、たけのこ汁

　上越地方の人々は、春になると「根曲がり竹」の「たけのこ汁」が待ちきれない。根曲がり竹はササの仲間で「チシマザサ」のこと。

　何といっても、たけのこは採ってすぐに食べるのがベスト。山に入って収穫し、その場で調理したものを食べる。それに、はろばろと広がる山上からの眺めが花を添える。まさに至福のひとときに違いない。焼いて食べるのも一法であるが、やはりたけのこ汁に勝るものはない。具材としてのさば缶はユニークだが、何よりもよく合うのだという。

(3) こごみ、ゼンマイ、ワラビ

　この3者はいずれもシダ植物の仲間であって、原始的であるためか、概してあくが強いものが多い。

　しかし、春早めに登場するクサソテツの若芽こごみは例外的にあくが少ないのでどんな料理にも向く。特に、和えものやお浸しがおいしい。

　ゼンマイが山菜の王様と言われてきたのは、何といっても、えも言われぬ旨さのせいだと思う。『聞き書 新潟の食事』[*1]の魚沼の章には、「ぜんまい煮もん」がハレの日にもケの日にも作られる最高の味である、と紹介されている。

　山野の至るところで目にするおなじみのワラビは、残念ながら有毒成分を含んでいるのでゆでることであく抜きをする。ほどよい堅さを保ちながらのゆで加減がかなり難しい。処置済みのものを買うほうが賢明だと思う。

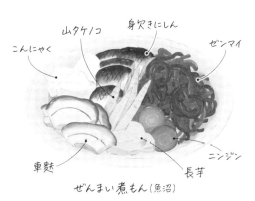

ぜんまい煮もん（魚沼）

ほうれん草・小松菜・レタス

　我が家のプランターにリーフレタスが育っている。もっぱらサラダ用であり、葉を直接ちぎり取り、皿にもちぎって盛るだけで済むところがありがたい。

　ところで、早春の新潟市のスーパーなどの店頭では、冬におさらばするように遠方産の葉もの野菜（葉菜）が減って、フレッシュな地元産が増えてくる。

　葉菜の多くは、低温ぎみを好み日照への要求もそれほどシビアでないので、新潟の気象条件下でも冬季のハウス栽培はさほど不利ではない。それに、葉ものは輸送性に劣るので地産地消の立場からも有利となる。

　長年、緑黄色野菜として尊重されてきた「ほうれん草」の消費はグラフに示すようにじり貧傾向にあって、21世紀初めころにすでにレタスに追い越されている。ゆでるということが重荷になっているのであろうか。新潟市民のほうれん草の消費は、金額で13位、数量で10位であって少なくない。県内一円においてほぼ周年にわたり栽培されており、新潟市北区と江南区が主要な産地になっている。

ほうれん草　　　レタス　　　小松菜

「小松菜」は風味にくせがなく一年中入手できるのが身上のポピュラーな葉ものであって、県内各地でハウスを利用する周年栽培が行われている。中でも、新潟市江南区で盛んである。ほうれん草と並んで、特に冬場の重要な緑黄色野菜となっている。

近年、「レタス」の生産と消費が急速に伸びている。その原因は、栽培のしやすさと食べやすさにあると思う。近ごろニュースによく登場する植物工場で、最初に手がけるのは申し合わせたように大部分がレタスである。恐らく、次のような理由によるものであろう。

レタスの水分含量はほぼ95.0%で、生の一般野菜の中では最も高く「もやし」のレベルである。水分が多くなれば水分以外の物質の割合が減るので、その物質を作り出すのに必要なエネルギーが少なくて済む。つまり少ない光エネルギーでもって短期間で収穫できることになる。

水分が多くて組織が軟弱なため、生でみずみずしく見え歯切れも良いのでサラダに向く。それに、ちぎって済むので包丁もまな板も要らない。水の多いぶん栄養成分が減ってしまうのは当然のことであって、緑黄色野菜ではない。ちなみに、緑黄色野菜に属する小松菜とほうれん草の水分は94.1%と92.4%であってレタスより少ない。

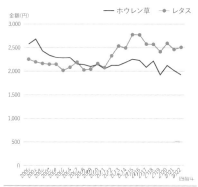

ほうれん草・レタスの消費金額推移

県内におけるレタスの産地は、春レタスでは新潟市北区、秋レタスでは南区であって新潟市に多い。

新潟市民のレタスの消費は、金額数量で全国16位と19位。なお、小松菜については"他の葉茎菜"に含まれており単独のデータはない。

春　夏　秋　冬

イチゴ・越後姫

　おいしそうな「越後姫」のイチゴを眺めながら、なぜ"い"と"え"を混同しがちの越後で、なまって「いちごひめ」と言わないのかと不思議に思うことがある。「いちごのいちごひめ」に「えちごのえちごひめ」、リズミカルな語感が面白い。今は、なまる人がごくわずかになってしまったが。

　ところで、露地栽培のイチゴの旬は4～6月であった。今では、ほぼすべてのものがハウス栽培となり、旬は冬と早春に移動している。仮に、以前の露地ものと現在のハウスものとの直接比較ができたとすると、後者の品質が明らかに勝っているという。それは、品種や栽培技術がハウス栽培に向けて飛躍的に進歩向上したために違いない。

　かなり以前のことになるが、新潟市のスーパーの店頭を飾るイチゴを見ながら、品種名が「ダナー」「宝交早生」「女峰」「とよのか」「とちおとめ」など、産地が栃木県やはるか九州の福岡県や熊本県などであることを知り、気候の関係で産地がいろいろあるのは仕方がないとしても品種がやたらに多いことに、いたく感心した覚えがある。新品種のイチゴが出回り始めたころのことであった。新品種の育成は主産地栃木県などで盛んであったのが、次第に地域ごとの風土に合った新品種が要望されるように変わったのは20世紀の終末近くであった。

　こうした機運の中で、新品種「越後姫」が県園芸研究センターで育成され、1996（平成8）年に品種登録された。積雪寒冷という新潟の風土に適するものを求めて、「ベルルージュ」「とよのか」「女峰」などを親にした7年がかりの作品であって、大粒で見栄えよく、甘味強く糖度12～15度でジューシー、魅力的な香りが強い。輸送性が低いというが、逆にそのことは、産地だからこそ味わえる、という幸せを新潟県民にもたらしてくれる。

越後姫

　県内でのイチゴの生産量は1,300tで全国23位（2022年）で多いほうではないが増加傾向にあるとのことだ。
　興味あるのは面積当たりの収穫量が顕著に増加していることで、これは越後姫の導入に伴って、イチゴ栽培の技術が格段に向上したことによるのだという。ハウスの中で1mほどの高さの床の上で栽培するという高設栽培と肥効成分の入った水を与える養液栽培という新技術が導入されたことによるもので、面積あたりの収穫量が向上し、作業が大いに楽になり効率的になった。作業上、1mの高さの違いが極めて大きいことは、日常経験からも十分に推察できる。
　今日では、越後姫が出回り始めると、あれよあれよと言う間に、店頭はこの品種一色になり他の品種は消えてしまう。何か舞台の暗転を見る思いだ。この時、県民は春の到来を香りでもって確かめているんだな、と思う。ちなみに、新潟市民のイチゴの消費は金額数量で4,524円で5位と、2,719gで7位、全国平均値（3,501円と2,178g）よりもかなり多い。
　いろいろなケーキの上で、より多数のお姫様の姿を拝見したいものだと願っている。

トマト

かなり昔、まだ小さいころの話。トマトは夏の食べ物であったこと、赤一色でなく緑色がまだらに残っていたこと、青臭い変な匂いだなと感じたことを思い出す。さすがに「あかなす」の呼び方は聞いた記憶はない。

ところが、今ではスーパーなどの店頭には年中、色、サイズ、形、味など多彩なトマトが並んでいて、いつでも入手できるカロテンとビタミンCなどが豊富な緑黄色野菜として重宝されている。

新潟県のトマト生産はさほど多くなく、8,560tで24位（2021年）。主な産地は新潟市北区で、かなり大規模なハウス栽培が行われている。ハウスの中で冬期間じっくりと育った木が春の到来とともに花咲き実を結び、5、6月に出荷される。新潟の春は日照が多いので、特に春トマトは果肉厚く甘酸のバランスがとれていて最上の味わいとなる。

家計調査によると、新潟市民のトマトの消費は金額数量で9,787円で4位、13,968gで3位であって、全国平均7,945円と11,218gに比べてもかなり多い。おいしいトマト産地が身近にあるせいであろう。なお、新潟市民のケチャップの消費は金額数量ともに日本一であることが気になる。日本では、ケチャップといえばトマトケチャップを意味しているから。

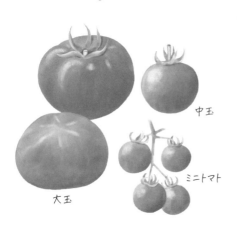

柚餅子・柚香里

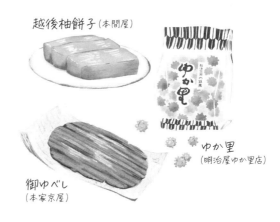

ユズ(柚)は柑橘類の一種であるが、新潟県の風土でも栽培が比較的容易であって、一般家庭の庭先によく育っている樹をしばしば見かける。高い香りと爽やかな酸味から、ユズの実は料理や菓子に用いられることが多い。県内には、いくつかのユズを用いた由緒ある菓子が伝承されている。

「御ゆべし」は北陸街道の宿場町糸魚川(糸魚川市)の京屋で作られてきた柚餅子で、その名前は加賀前田家の命名であるという。やや濃い褐色で、素朴な味わいの中に懐かしみその風味が漂う。

北国街道に面している本間屋(新潟市西蒲区)は長岡牧野藩の菓子の御用達として「棹物柚餅子」を作ってきた。薄い黄褐色で歯切れよく、全体に御ゆべしに比べてソフトな感じがする。

新潟市には、ユズを使うことで柚餅子と共通する「柚香里」という伝統の菓子があり、創業が1900(明治33)年という明治屋ゆか里店(新潟市中央区)1軒のみで作られている。燦めく星のように角が飛び出ている形は金平糖に似ているが、金平糖の芯が砂糖の塊であるのに対して、柚香里では米菓の一種の"あられ"であることが異なっている。お湯を注ぐと柚の香りが立ち上がり、間もなくあられが浮かんでくる。それを一緒にいただく、真に愛らしい一品である。

雛祭り ── 菱餅・雛あられ・草餅・苺大福 ──

　近年、春の到来を最も強く感ずるものに2000（平成12）年に村上市に始まった「城下町村上　町屋の人形さま巡り」がある。その後、県内の方々で雛人形飾り関連の行事が行われるようになり、こんなにあったのかと驚いたり感心したりしている。

　春を迎える喜びは、陽光と雛人形だけでなく、「雛あられ」や「草餅」などをいただくことで、さらに確かめられる。

　今日ではこうした伝統の菓子の他に、街には雛祭りを意識した洋菓子もたくさん売られている。何となく、ケーキの方が子どもたちは喜びそうだとは思っているが。でも、雛人形巡りではお茶を一服となるので、和菓子のほうがよく似合う。

　タイトルの菓子4種は伝統のものと比較的新顔のものが混じっているが、すべてモチ米が主原料であることで共通している。

　「菱餅」は赤、白、緑の菱形の餅を重ねたもので、桃の節句を象徴するもの。色の意味やその重ね順、なぜ菱形かには諸説があってよく分からない。古い歴史のせいであろう。

新潟県の岩船地域で約1世紀前の食生活を聞き取り調査した資料*₁には、次のような記述がある。"節句のひしもちは、赤や青の食紅を入れたり、もちぐさを入れて搗く。そのときついでに、あられもつくっておく"。

「あられ」は餅を小さく切ってから炒ったもので、米菓の一つであって、例えば柿の種もあられの一種になる。あられをさまざまに色付けすることで雛祭り用の雛あられに変身する。

草餅といえば餅草を入れるが、県内ではヨモギが最も普通に使われている。ヨモギは極めて生命力が強く新潟の早春の寒さの中でも新芽を出しているので、手作り程度の少量であれば近所で容易に摘み取ることができるであろう。高い香りと緑色でもって、早々と春を満喫させてくれる上、邪気まで払ってくれるという。国内では、このヨモギに替わってオヤマボクチ（山ごぼう）やハハコグサ（おぎょう）の葉を使う地域もある。

「大福餅」はその名がよい。多くは小豆あん入りであるが、最も気に入っているのは「苺大福」で、イチゴの香りに甘酸っぱい味わい、特に赤い色合いが桃の節句に最もよく似合っている。イチゴが"越後姫"であればなお良い。赤い越後姫が白い餅生地でソフトに包まれる、ベストの組み合わせに違いない。

旅には食が道連れ、各地にある人形さま巡りで小腹の空いた人たちを、その土地で作られたこうした甘いものでもてなしたいものだ。

三角粽・あく巻き

　「粽」は、全国的に作られている端午の節句のごちそうであり、大きく2群に分けられる。

　一つ目は、新潟などで作られている「三角粽」のグループ。粒のモチ米を笹の葉で三角形に包んでイグサで縛り、ゆでるか蒸して作る。少しべとべとしており、多くは砂糖入りのきな粉を付けて食べる。新潟県の他に、東北地方の日本海側の秋田県、山形県、福島県の会津で伝承されている。

　二つ目は、米の粉を材料とする「粽団子」グループで、形は長三角形。主に、中部地方以西の西日本で伝承されており、県内では、佐渡の「かやまきだんご」がこの仲間に入る。

　海野 厚 作詞の童謡の『背くらべ』の一節、"柱のきずはおととしの、五月五日の背くらべ、粽たべたべ兄さんが計ってくれた……"に登場する粽は、作者が静岡県出身であることと食べやすさから、二つ目の粽だと考えられる。

　三角粽は米に余裕がある地域だからこそできる贅沢な食べ物といえる。それは、材料がごまかしが効かない米粒であって粉でないこと、貴重なモチ米だけであることによるもの。三角粽が分布している地域は、いずれも昔も今も豊かな米生産地である。

　山形県 庄内地方では、新潟の三角粽と同じものを節句に作るが、それとは別に「あく巻き」と呼んでいる粽も作る。木やわらの灰を煮出して作る灰汁にもち米を浸し、その後は三角粽と同様にして作る。この粽は黄褐色で透明感があって米粒の表面が溶けたように見え、甘味とかすかな硫黄臭が伴う。保存性が良くなるとも言われている。

　ところが、県下では村上市の旧山北町にこのあく巻きが伝承されている。これは、この町が昔から庄内との交流が盛んであったためと考

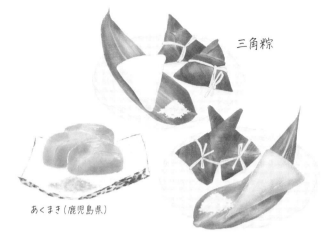

三角粽

あくまき（鹿児島県）

あく巻き（村上市旧山北）

えられる。なにしろ、新潟・山形の海沿いの県境が家並みの中の細い小路であるくらい近いので。しかし、このあく巻きの食文化はそこでストップし、村上の方にまで達していない。

　現在、国道７号線は旧朝日村と旧山北町の境界にある蒲萄(ぶどう)峠を、車はあっという間に通過してしまうが、かつては羽越(うえつ)街道の難所としてかなり有名であった。恐らく、この峠が伝播(でんぱ)の障壁になったに違いない。では、海沿いはどうかというと、道らしい道はなかったという。蒲萄峠あたりが食文化の小さな境界線になっていたことになる。

　なお、鹿児島県などの南九州では、端午の節句のために、同じ名前の「あくまき」という郷土料理が伝承されている。モチ米をあく汁で煮るところまではあく巻きと同じであるが、包むのが竹皮であることと形が三角形でなく長方形であり、切って食べるところが大きく違っている。

　米とあく汁を組み合わせた食文化が、かなり遠くに離れた二つの地域で認められている。北前航路などを介した伝播によるものか、独立して生まれたものか、興味深いものがある。

やせごま

　3月15日は月遅れの涅槃会でお釈迦様入滅の日。佐渡では「やせごま」あるいは「やせうま」という不思議な名前の団子をお寺やお堂でまく。隣の長野県でも形は違うが「やしょま」という名の団子が作られていて、やはり涅槃会に際してまくという。

　これら一連の団子の変わった名前のいわれについては、諸説が多すぎてよく分からない。なお、やせごまには「しんこ団子」の別名もある。

　佐渡市・畑野で伺った作り方を紹介する。ウルチ米8、モチ米2の割合の米粉を水とほどよくこね、その一部を取って何色かに着色しておく。これらを模様になるように組み合わせて太い円柱にし、次に模様が崩れないようにしながら、直径4cm程度になるように上に向けて両手でもって引き伸ばす。この伸ばすところが殊の外難しいという。それを蒸してから冷まし、少し堅くなってから3～4mmの厚さに切って出来上がる。

　ある本に"芸術品を感じさせるものだ"と紹介されている。しかし、さほど旨いものでないので、忘れ去られる心配がある。伝承に関心がある若い方もいるというので、味付けや模様などを工夫しながら、ぜひとも後世に伝えてもらいたい。素朴そのものの団子であるが。

やせごま

笹団子

新潟県内のデパートやスーパーストアで団子の専門店が店を構えているのは全国的に見て珍しい、と聞いたことがある。その店の主役が「笹団子」であって、米粉由来の独特の食感とヨモギとササの香

笹団子
(田中屋本店／新潟市)

くろさき茶豆
きんぴら
こしあん
あらめ
つぶあん

りが惹きつける。それに保存が効き見栄えが良くてかさばるところもまた土産に適しており、新潟の土産として欠かせない逸品になっている。

この笹団子は、主に端午の節句のために、越後側で作られてきたもので、佐渡にはその伝統がない。かえって隣県の会津地方で節句に作られている。会津と越後は何かと縁が深い。

昔は、上等の米粉を使い小豆あんを入れるハレの日用の食べ物である他に、くず米粉を皮とし中にみそ、漬物、煮物などを入れた日常の日の間食などとして重宝されていた。

笹団子の作り方の一例、モチ米6：ウルチ米4の米粉とゆでてつぶしたヨモギの葉をよく練り込んで作った皮に小豆あんを入れて俵形にまとめ、笹葉3枚で包みイグサで縛り、5〜10個を1組にして結んだものを20分ほど蒸して出来上がる。中越地方では、ヨモギの代わりに「オヤマボクチ」の葉を使う人もいる。なお、オヤマボクチには「ごんぼっぱ」の別名がある。

戦後10年ごろから次第に、家庭での手作りから専門店の製造販売に移行し、今では手作りする人がいないのでは、と思っていた。しかし、節句を迎えるころにはスーパーなどでは、団子粉、笹の葉、イグサが売られている。まだまだ手作りに励む人がいるらしい。

笹餅・なた巻・かや巻き団子・いばら団子・せんだん巻・かた団子

　最初は器の代わりに使ったのであろうが、先人たちは、食べ物の風味・日持ち・見栄えなどの向上のために、植物の葉をうまく利用してきた。

　中でも、節句などの祝い菓子としての餅・団子・粽(ちまき)のいずれも例外なしに植物の葉でもって包まれている。そのときに使う葉の種類が日本の東西で違っているのが興味深い。

　ほぼササの葉一色である東日本に対して、西日本では多種類の植物の葉が利用されており、佐渡島は日本海側における東西接点の舞台となっている。これは、西日本の伝統や文化が北前船によって運ばれて来て、この島国に定着し発展したものと考えられる。幸いにして、佐渡にはツバキなどの南方系の植物がかなりよく育っており、それも、島国ゆえごく身近に見かけることができる。

　「笹餅」は餅を笹で包んだもので、主に中越や上越地方で端午の節句や夏の行事のために伝承されている。白餅の他にあん入りもあって、新ササの風味が殊の外おいしい。中越ではササを十文字にして包むのに対して、上越では上下に平行の場合もある。

　「なた巻」は端午の節句のために東蒲原(ひがしかんばら)に伝承されてきたもので、その名の通り鉈鎌(なたがま)の形で立派な柄を持っている。モチ米粉の団子を葉柄付きのササで包んでゆでるもので、あんなしなので砂糖

笹餅

なた巻

黄粉などをつけて食べる。

「かや巻き団子」は越後の笹団子に相当する佐渡の節句粽で「たいごろう」や「ごろ巻」ともいう。5～6枚のカヤの葉で団子を包んでから蒸して出来上がる。あんやヨモギを入れる場合、入れない場合があって多種類

になる。男の節句用ということで団子二つ入りもあるというから面白い。西日本では、カヤ・アシ・マコモなどの植物の細長い葉で包む粽がよく作られているが、佐渡はこの飛び地になっている。

「いばら団子」の"いばら"は「サルトリイバラ」のことで、その丸くて軟らかいハート形の葉を利用する。東日本では団子をカシワ（柏）の葉を二つ折りにして包んで「柏餅」に、西日本ではサルトリイバラの葉で包んでいばら団子になる。

このサルトリイバラは全国の里山に広く自生しているのでどこでも入手可能のはずだが、佐渡では使うのに越後ではほとんど使わない。この違いは、物の入手の可否ではなく、使う伝統の有無によって生じたものであろう。

「せんだん巻」の"せんだん"は「ハラン」の別称で、その大形の葉は料理の区切りに利用されている。お祝いに用いるあん入りのかなりハイレベルのお菓子で佐渡の両津(りょうつ)地区で伝承されてきたもの。

「かた団子」は「おこしがた」や「おこし団子」とも呼ばれるもので、佐渡の桃の節句など春の行事に作られる鮮やかな色の米粉の団子。こねた米粉であんを包み専用の木型に入れて形を作り模様に色付けし、ツバキの葉に乗せて蒸すと出来上がる。

白雪糕・玉兎・おか免菓子・米百俵

　亡くなる前年に書いたともいわれる良寛（1758-1831）の手紙の筆跡は何となく頼りなく、心を悲しく打つものがある。文面は"白雪羔少々御恵たまはりたく候　以上　十一月四日　菓子屋　三十郎殿　良寛"とある。

　「白雪糕」は江戸時代によく作られた菓子で、生の米粉に砂糖などを混ぜ、型や枠で押し固めたものを蒸してから乾燥するものであった。しかし、なぜか次第に忘れ去られてしまったが、昭和の初めごろ、大黒屋（出雲崎町）によって文献を参考にして復元された。現在のものは四角柱の形に固められた押物であって淡黄色、さくさくとやわらかく口中で甘く溶ける。

　彌彦神社参拝の土産となっている「玉兎」は落雁の一種であって、200年近くの歴史があるという。モチ米粉と砂糖を丸い兎型に固めたもので、以前は白の小兎のみであったが、近頃は、あん入りの大兎や抹茶入りや玄米粉製まであり多彩になっている。土産としての高い人気は、「おやひこさま」と愛くるしい姿形の兎のたまものであろう。弥彦村内の数軒の菓子店で作られている。

　「おか免菓子」も100年を優に超える歴史があるが、起源や"おか免"の名の由来はよく分かっていない。この菓子は、煎った玄米粉に砂糖と水飴を混ぜてから板状に固めたもので、おかめの面が刻まれている。最大の特徴は原料が玄米であることで、色濃く、豊かな煎り米の香りがあり、全体として素朴なおふくろの味である。新潟市秋葉区小須戸にこの菓子を作る店が2軒ある。

　「米百俵」は前記3者と比較すると新顔であるが、すでに半世紀を超えている。1947（昭和22）年創業の米百俵本舗から、現在では瑞花（長岡市）がそれを継承している。モチ米から作られる寒梅粉と和

　三盆糖を原料にして、俵状に型打ちした菓子であって落雁の一種。爽やかな甘味とユニークな姿が楽しい。栞には"米百俵の精神を米俵型に込めて"と記されている。

　この菓子自身はやや若年であるが、"米百俵"という言葉には歴史が込められている。長岡藩の支藩である三根山藩(にしかん)(新潟市西蒲区峰岡)から、幕末に起きた戊辰戦役(ぼしん)(1868-1869)の敗軍となった長岡藩に贈られてきた百俵分の救援米を、藩士の当座の救済に使うことなく教育への投資に向けたという長岡藩士小林虎三郎(こばやしとらさぶろう)(1828-1877)が関わった故事を、山本有三(やまもとゆうぞう)(1887-1974)によって書かれた『米百俵』の戯曲が1943(昭和18)年に出版されたことで有名になった。

越乃雪・くろ羊かん・雲がくれ

長岡の「越乃雪」、松江の「山川」、金沢の「長生殿」が日本三銘菓と言われて久しい。いずれも城下町の茶事の菓子ということで共通している。

長岡は牧野藩七万石の城下町であったが、不幸にして二度の戦禍を受けている。そのため城下町としての佇まいは少ないものの、茶事など伝統の文化が脈々と受け継がれている。

越乃雪本舗大和屋の越乃雪は、その名の通り口にすると淡雪のように爽やかに溶ける。その姿形は白色の立方体、ほどよい大きさは茶事によく合うに違いない。寒晒粉と四国産和三盆糖で作る押し菓子の一種になる。

体調を崩した長岡藩九代藩主牧野忠精に献上したところ、食欲が回復したと喜ばれて越乃雪の名前を頂いたのが1778（安永7）年、これだけの歳月を伝承されてきたことに驚くばかりだ。県下で最も長寿の菓子ではなかろうか。

柏崎市の新野屋が「名題くろ羊かん」を1894（明治27）年の創業以来作り続けて来てほぼ130年になる。まさに伝統に彩られた菓子である。沖縄産の黒糖と北海道産の小豆で作られているという。黒く艶光りする外観とずっしりとした重量感に圧倒されそうになる。練りに練ってこそ、この重量感が生まれるのではないかと思う。箱から取り出したときに漂う甘い黒糖の香り、まろやかでとろりとする舌触りが素晴らしい。

ようかんの他に、新野屋はウルチ米を原料としたエビ風味で小魚形の煎餅「網代焼」を1907（明治40）年に手作りから機械化へと模索しながら製造し始めている。これは、新潟県産米菓の工業的生産の先駆けとなっている米菓ということができる。

越乃雪（越乃雪本舗大和屋）

名題 くろ羊かん（新野屋）

雲がくれ（米納津屋）

　ご存知、百人一首の"めぐり逢いて 見しやそれとも わかぬ間に 雲がくれにし 夜半の月かげ"。紫式部の作である。この歌から命名した「雲がくれ」は燕市の米納津屋で作られている。中の丸い黄身あんを白色のみぞれが包んでいる。全体の形は立方体に近い。さくさくと溶けた衣と黄身あんとが口の中で溶け合ったとき、微かな黄身の香りも重なって、真においしい。茶事によく合うのは、茶道家家元賞を受賞していることからも確かである。

　命名が先か、実物が先かに興味が募るが、いずれにしても、この名前はよく出来ていると思う。雅だけでなく実体をもよく表現しているから。

　前著で、新発田市の「初夢」を紹介した。極めて珍しい小ナスの砂糖漬けであって、永らく茶事に用いられてきたものであった。だが、残念ながら聞かなくなって久しい。

麩 —— 車麩・まんじゅう麩・麩ずし ——

　小麦粉を水とともに練ることで、タンパク質を主成分とするグルテンとでんぷんに二分される。そのグルテンに穀粉を加えて作った生地を整形し加熱することで「麩」が出来上がる。蒸すかゆでる生麩、焼く焼麩、油で揚げる揚げ麩のように加熱方法でもって分類される。

　昭和初期の食生活の記録[*1]に、妊婦の出産前後の食事や出産祝いに麩が重宝されていることが記されているので、かなり以前から、日本人は麩が貴重なタンパク源であることを認識していたことになる。

　北前船は数多くの上方の食文化を日本海側にもたらしたが、麩もその一つ。きめが細かいソフトなものが多い上方に対して、北陸から新潟、山形などでは「車麩」など身の締まった焼麩が多くなる。それは雪国の貴重な保存食となったためと考えられる。

　新潟県は麩の著名な産地であって、各種の麩を積極的に手がけている宮村製麩所（新発田市）、車麩のマルヨネ（三条市）、「まんじゅう麩」の本間のり屋麩店（村上市）、小さめの車麩の篠宮麩店（上越市）などがある。生産額は約7億円で全国7位で車麩を得意にしている。他に、生菓子の「麩まんじゅう」が数軒の菓子店で作られている。

　車麩は、練った生地を鉄棒に巻き付けてバウムクーヘンのように回転しながら焼き、生地を重ねてまた焼くことを繰り返して作るもので、多くは3回止まりであるが、新潟県内では4回もある。4回巻はその製造には苦労するものの、出来上がりが大形になるので立派で見栄えがする。この4回巻は新潟県の特産品の一つになっている。

　麩の用途は大変広く、汁物、煮物、揚げ物といった料理に使われている。中でも車麩の中央に卵が鎮座する"車麩の落とし卵とじ"は逸品だと思う。この麩と卵とのコンビはアミノ酸スコアからみて栄養価がアップするだけでなく、なかなかの風格がある。

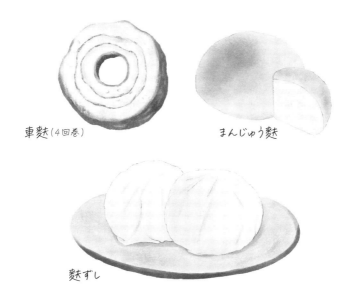

車麩（4回巻）　　まんじゅう麩

麩ずし

　車麩については、あらかじめ水で戻す必要があることや少人数家庭が多くなったことを考慮して、縦に小切りにしたものも売られていたが、近年、横に薄くスライスしたものも売り出され始めているという。この方が車麩の面影を多く残している。

　加熱してない生麩を皮としてあんを包むと、麩まんじゅうという上品なお菓子になる。主に菓子店で作られており、つるっともちもちした食感が楽しい。

　新潟市西蒲区（旧西川町）には郷土料理の「麩ずし」がある。あらかじめ水に戻したまんじゅう麩の底を十文字に切ってから、しょうゆなどの調味液で煮る。次に、それを裏返しながら丸めたすし飯を包むと出来上がる。運動会などの行事食として親しまれていたようだ。

　家計調査では、麩は乾物類の中に含まれていて単独のデータがないので、消費状況は不明。

しょうゆ・ひしお・ソース・ケチャップ・マヨネーズ

　しょうゆとソースは、日本人の食生活において液状の調味料として不可欠の存在になっている。そのため種類がかなり多い。

　しょうゆやソースのように容器に入っている液状食品の種類や品質を外から確かめるのは難しい。こうした食品に対して、JAS*2規格が用意されている。

　JASはしょうゆを濃口・淡口・溜・再仕込み・白の5種類に分けている。濃口しょうゆは関東地方で発達し、最もポピュラーで生産は全国的。淡口しょうゆは淡色で塩分が多いので素材を生かす関西料理によく使われるもので、関西地方で発達し生産量は2位。この2者がしょうゆの大部分を占めている。新潟県で生産されるしょうゆはほとんどが濃口、全国15位で多い方ではない。

　なお、佐渡島にはしょうゆの原形ともいうべき「ひしお（醤）」から発展したと考えられる調味料「なめぜ」が伝承されており、今日でも島内の麹店で作られており島民に愛されている。大豆・麦麹・米麹・塩を原料にして発酵させたもので、ご飯のお供に酒の肴においしくいただける。

　ソースは非常に種類が多いこととレストランの厨房や家庭で作られるものが少なくないことから、JASは市販品が多いウスターソースに限って設定されている。JASの分類では、粘度が低いものから順にウスター・中濃・濃厚になる。

　新潟市民のしょうゆの消費は金額数量で20

位と12位、全国平均並みである。参考までにしょうゆをベースにして作る「つゆ・たれ」の消費をみると金額18位でこれも全国平均並み。ソースについては新潟市民の消費は金額数量で31位と39位でかなり少ない。

ところが、ケチャップについては新潟市民の消

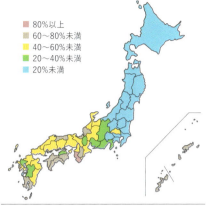

天ぷらにソースをかける人の割合（＊3より）

費は金額数量ともに1位、「マヨネーズ・マヨネーズ風調味料」も金額数量ともに2位と3位であって多いのに驚く。カレーになるカレールウの金額数量ともに1位といい、新潟市民は何かにかける半流動性のどろっとしたものが好きなようだ。

ちなみに、ソースの消費1位は金額数量ともに広島市民であり、お好み焼きにたっぷりかけているのであろう。逆に、沖縄の那覇市民のしょうゆ、ソース、マヨネーズ・マヨネーズ風調味料、つゆ・たれ、ふりかけへの支出金額はいずれも全国最低であって、みそも42位も含めて全体として調味料の使用が真に少ない。いわゆる本土とは食生活がかなり違っていることを教えてくれる。

ソースについて、『決定版 天ぷらにソースをかけますか？』[*3]という書籍に興味ある記述がある。要はソースをかける割合が少ない東日本と多い西日本に明確に分かれること、その分割ラインが糸魚川－静岡構造線（フォッサマグナの西縁）あたりに存在すること、新潟県民はかけるが8％に過ぎないので東日本に属していることなどである。こんなことでも日本の食文化が東西に二分されることを知って、天ぷらにソースをかける人がいることも併せて大変驚いている。

ナチュラルチーズ

　その独特の匂いを敬遠されて、長らく日本人に受け入れられなかったチーズは、戦後になってようやく日の目を見始めた。最初は風味が無難なプロセスチーズであったが、ピザやチーズケーキの普及とともに需要が急速に伸び、それに引きずられる形でナチュラルチーズも受け入れられるようになった。しかし、まだチーズ全体の年間消費量は欧米人の10分の1に過ぎないという。

　家計調査でのチーズ消費は金額数量で全国平均が6,745円と3,771gであり、全国的には大都市圏に多いという消費傾向が認められる中で、新潟市民は7,421円と4,123g、金額数量ともに9位であって多い方になる。

　米へのウエイトが高い新潟県にあって、佐渡では酪農が比較的に盛んである。それを牽引しているのが佐渡乳業（佐渡市）であり、「モッツァレラ」「カマンベール」「ゴーダ」「クリーム」のナチュラルチーズを製造販売している。また、ロイアルヒルホルスタインズ（新潟市江南区）では各種のモッツァレラチーズとそのみそ漬けを製造している。中でもジェノベーゼソースを絡めた「ジェノベーゼモッツアレラ」が珍しい。この他、県下で数社がモッツァレラなどのナチュラルチーズを製造している。新潟県全体の生産量はまだまだ少ない。

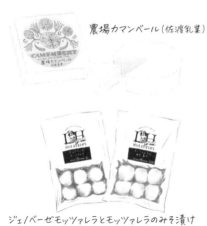

農場カマンベール（佐渡乳業）

ジェノベーゼモッツァレラとモッツァレラのみそ漬け
（ロイアルヒルホルスタインズ）

ヨーグルト・飲むヨーグルト・乳酸菌

人類と乳酸菌との付き合いは思いの外に長い。特に、20世紀初頭のメチニコフの"ヨーグルト不老長寿説"以来、乳酸菌に対する信仰に近い期待は消えることなく現在に至っている。

そのため、乳酸菌発酵食品の代表としてブームになったヨーグルトが、いろいろの菌種名を謳いながら、

ドリンクヨーグルト（ヤスダヨーグルト）

販売店の店頭に並んでいる。残念ながら、そのほとんどが県外に工場のある大手乳業会社製であるが。

しかし、1987（昭和62）年に安田町（現阿賀野市）の酪農家9名で設立した「安田牛乳加工処理組合」からスタートした「ヤスダヨーグルト」が頑張っている。生産した牛乳のすべてを生かすためには、生乳の100％が製品となるヨーグルト、それも摂取しやすいドリンクタイプであること、その選択はまさに的を射たものであった。

新潟県内の発酵乳の生産は約1万klで全国20位。新潟市民のヨーグルトの消費は14,658円の16位、全国平均13,591円を上回る。

なお、新潟県食品研究センターは県内食品産業の発展のために、雪国特有の自然環境に適応している乳酸菌に着目、500種以上の菌株を収集した中で低温でも乳酸発酵し良好な風味を生成するウオヌマ株やヤマユリ株などを選出した。"雪国乳酸菌"とでも名付けたいものであり、その応用が既に具体化しつつあるという。

米麹みそ・みそ漬け

　みそは、時には発酵食品だと言われたり、あるいは醸造食品にされたりして、とまどうことがある。なぜであろうか。

　人に役立つものを微生物の力を借りて製造するという点では発酵と醸造の二つは共通しているが、発酵の方はどんな形にせよ微生物を利用するものすべてであって守備範囲が広いのに対して、醸造の方は伝統的な手法でもって微生物を利用することに限定しているので守備範囲が狭くなり、発酵の一部分となる。みそは醸造によって製造されるので醸造食品であり、広く考えれば発酵食品となり、上記のどちらの表現も正しいことになる。

　みそは大豆・麹・塩を原料にして造り、麹の種類から3種に分類される。大豆を麹にする豆みそ、米の米みそ、大麦の麦みそであり、かなり明確な地域性が認められ、地図に示すように分布している。

　新潟県産はすべて米みそであって塩分が12％前後の赤みそグループに属し、生産量5,018t、全国で14位(2019年)。県産みそはさらに佐渡、中・下越と上越の3タイプに分かれる。

みそ漬け(山田醸造)

　佐渡みそは主に、佐渡島の出身者が多かった北海道との交易で栄えたもので、赤色と濃厚な香味を持つ長期熟成型である。

　越後におけるみそ醸造業は明治時代に始まるものが

多く、年貢米の有効利用のためであろうか、創業者に地主が目立っている。なお「越後味噌」の呼称は地域団体商標*4に登録されている。

製造の最後の工程によって、こしみそと粒みそに分かれる。佐渡みそが前者であるのに対して、越後みそのほとんどが後

米みそ・麦みそ・豆みその分布地図

者である。県産の粒みそは米麹粒がよく見えるように麹歩合（原料の大豆と米麹の比率）が高いうえに米産県らしく上等の米が麹作りに用いられている。全体として麹歩合が高くて麹が目立つので「越後米麹みそ」の名でくくることができる。

家計調査による新潟市民のみその消費は、金額数量で2,955円で1位、6,231gで4位であって、全国平均値2,110円と4,652gよりもかなり多い。ちなみに数量での1位は盛岡市、逆に47位は岡山市で盛岡の2分の1以下。全国的にみると、消費量は明らかに東日本で多く、西日本特に近畿地方で少ないが九州で若干多くなる。

以前のみそ漬けは野菜などをみそに漬け込んでいたもので、みその成分がそのまま移るため旨いけれども塩辛いものであった。近年売られているものは、低塩化されて塩辛味が抑えられて食べやすくなっている。

県内産のみそ漬けは、ポピュラーな大根・キュウリ・ナスに加えて、シソの葉や実・カグラナンバンの葉や実・山ゴボウ・ショウガ・ミョウガ・キンシウリ（そうめんかぼちゃ）など、さらに鮭・サバ・昆布・チーズ・卵・豆腐などまでがあり、真ににぎやかである。

豆腐・ジャンボ油揚げ・三角油揚げ

　ヒトにとって油脂の味は限りなく魅力的だという。特に脂っ気の少ない食生活を送ってきた我々日本人の先人たちにとって、油脂の多い食べ物は何よりのごちそうであった。

　「豆腐」は栄養豊富でおいしい上に消化性が極めて良い。これが消化の悪い大豆を原料にして出来たとは信じ難いくらいである。概して消化性が劣るものが多い植物性食品の中にあって、豆腐は東アジアが生んだ傑作の食べ物の一つに違いない。

　この豆腐と油脂とが手を組むことで豆腐の「油揚げ」が生まれた。

　油揚げは手頃な食材であるので、日頃はもちろん、特別な日や行事の日にも広く用いられてきた。例えば、昭和初期の食生活の記録*1に登場する蒲原の「のっぺ」には、ハレの日にはサケの切り身を入れるが、葬式や法事にはサケの代わりに油揚げを入れる。そこには、たとえケの日の精進物であっても、脂っ気のものを入れることで少しでもおいしくしたいという思いが込められている。

　新潟県には、薄揚げの油揚げの他に変わりものが二つある。

　その起源が200年以上も前にさかのぼるという長岡市栃尾の「ジャンボ油揚げ」は全国的にみても珍しいもので、10軒余りの店で作られている。その容積は薄揚げのほぼ4倍、次に紹介する「三角油揚げ」のほぼ2倍になる。栃尾の秋葉三尺坊大権現の縁日に開かれる馬市に諸国から集まった仲買人、すなわち博労たちが酒の肴として手づかみで豪快に頬張るために大きくなったのだという。ネギみそを挟んで軽く焼いたものを肴にして一杯飲むと、博労たちの気持ちに近づけるかも知れない。

　三角油揚げは阿賀野市の数軒の店で作られている。三角形の油揚げはごく珍しいが、他にないわけではない。近くでは、仙台市青葉区に

三角油揚げ(金子食品本舗)

刻みねぎと
かつおぶしを
かけて

ジャンボ油揚げ

あぶらげ
(佐藤豆腐店)

ある定義如来西方寺の門前町でも売られている。

阿賀野市安田の金子食品を訪ねた。明治年間に豆腐屋として創業、昭和の始めごろに二代目が三角油揚げを作り始めたとのことだが、その経緯ははっきりしないという。全体がしっかり揚げられている中で、内側が重厚であるところが栃尾のジャンボとは異なっている。

家計調査による新潟市民の油揚げ・がんもどきの消費は3,659円で7位、豆腐では金額5,225円で23位、数量108.97丁で1位となっている。豆腐での順位の食い違いが気になる。これは、豆腐消費が全国的に均一で都道府県間の差異が少ないため、数値のわずかな違いが順位を大きく変動させているのだ、と考えられる。

ところで、那覇市民の消費は豆腐へ7,216円で1位、油揚げ・がんもどきは1,564円の47位で、その落差がすごい。那覇市民は何よりも豆腐が好きらしい。そういえば、沖縄には豆腐が主役の料理「チャンプルー」がある。

ビスケット・チョコレート

　新潟県には、ビスケットを製造する会社としては全国のトップメーカー・ブルボン（柏崎市）が1社、それに対してチョコレートではかなりの数の工房がある。ビスケットの製造は装置産業の一種であって長いバンドオーブンなど大規模な設備を必要とするのに対して、チョコレートの場合はあまり大げさの設備を必要としない。

　ブルボンは、関東大震災によって菓子の供給が全面ストップした地域の窮状を見た初代吉田吉造氏が地方にも菓子の量産拠点をと決意し1924（大正13）年にビスケット製造を開始したことに始まる。この創業物語は中越地震と中越沖地震などの震災を知るものにとっては、殊の外心に響くものがある。ブルボンは1980年代にチョコレート市場に参入し、ビスケットとの組み合わせによるヒット商品もある中、魚沼の雪室で熟成させたカカオ豆を用いた「雪室ショコラ」は本格的なチョコレートを志向するものとして注目したい。

　マツヤ（新潟市中央区）はチョコレートの老舗モロゾフ（神戸市）でその製造技術を会得した初代が、戦火を避けて移住した新潟市で開店した菓子店からスタートした「ロシアチョコレート」の専門店。マトリョーシカの化粧箱が何よりもかわいい。

　佐渡島唯一のチョコレート工房である莚CACAO CLUB（佐渡市）は赤泊・莚場にあって、地場特産のカヤの実を散

雪室ショコラ
熟成カカオ73
（ブルボン）

ロシアチョコレート
（マツヤ）

らした「カヤの実入りチョコレート」は珍しく、佐渡島を意識した包装デザインもまた楽しい。

なお、カヤ（榧）は高級木材として赤泊地域の特産であったが、現在は激減しているという。炒った実はアー

カヤの実入り
チョコレート
(莚CACAO CLUB)

モンド様の香味であっておいしく、形までアーモンドに似ている。「かやの実かりんとう」が現地のかやのみ会で製造販売されている。

障害者就労の場の創出に努力されている夏目浩次氏をリーダーとする久遠チョコレートのブランチの一つ久遠チョコレート新潟（新潟市中央区）はドライフルーツやナッツを豊富に散りばめた「テリーヌチョコレート」を得意としている。

この他県内には、カカオ豆から製品までの"Bean to Bar"を標榜するエスカリエ（新潟市東区）や"ボンボンショコラ"を得意とするきさらぎ（十日町市）など、多数の工房があり、チョコレート類の需要傾向からみて、今後さらに増加するものと予想される。

なお、新潟市民の消費は、ビスケットが5,047円の14位で全国平均4,592円、チョコレートは7,067円の20位で全国6,725円、チョコレート菓子は2,248円の32位で全国2,321円で、全国並みか、やや多い。

参考までに、他の菓子類への消費支出をみてみると、多いものとしてはゼリー2位、ようかん14位、アイスクリーム類15位、せんべい17位、プリン17位。菓子類全体としては全国平均値をごくわずかに上回る22位。なお、米菓はせんべいに含まれている。

タイ・鯛めし・鯛茶漬け

「タイ（鯛）」ほど日本人に愛され、話題の尽きない魚は珍しい。味はもちろん、見栄えする色と姿形が好ましいためであろう。そのためか、タイの仲間でないのに"鯛"を名乗る魚がかなり多い。

タイの漁業は総じて西日本において盛んであって、例えば、マダイを含むタイ科の漁獲量はトップの長崎県が4,096t。新潟県は599tで13位（2021年）であって、それでも東日本では多い方である。大謀網漁で有名な粟島のある県北沖、西部頸城沖、それに柏崎沖が主な漁場となる。

柏崎の沿岸では、春さき産卵のために海面に近づいてくる真鯛を「桜鯛」と呼び、その桜鯛が「鯛めし」という豪快な郷土料理になって伝承されている。調味した米の上に焼いた鯛一匹を丸ごとのせて炊き、炊き終わってから身をほぐし、それをご飯に混ぜ合わせて食べる。

また、同じように桜鯛を料理した「鯛茶漬け」という名の新顔がある。ご飯の上に桜鯛の切り身といろいろの具を乗せ、お茶漬けにしていただく。

家計調査によれば、一般家庭におけるタイの消費は典型的な西高東低であって、新潟市民の消費金額と数量は570円と221gで39位と40位、全国平均1,131円と498gの半分に過ぎない。

柏崎鯛茶漬け
（全国ご当地どんぶり選手権グランプリ仕様）

茶 ── 村上茶・佐渡番茶・茶がゆ・ばたばた茶 ──

　南佐渡を旅すると、遠目にも色の濃いヤブツバキ林をしばしば見ることができる。まさにそれは、「照葉樹林帯」を実体験していることを意味している。ヒマラヤ山麓から中国南部を経て日本の本州島に至る東アジアの暖温帯には、ツバキのような光沢のある葉を持つ常緑広葉樹で構成される照葉樹林帯が分布しており、新潟県はその北限に近い場所に位置している。その樹林帯には「照葉樹林文化」と呼ばれる文化が存在し、茶樹の栽培と喫茶が重要な構成因子になっている。その茶樹すなわちチャノキはツバキ科に属し、照葉樹の仲間になる。

(1) 村上茶

　記録によると、「村上茶」は1620(元和6)年に始まり、宇治茶の流れをくむものだという。産業として成り立っている最北の地であることから、村上はしばしば「北限の茶どころ」と呼ばれている。

　村上は茶栽培に適しているぎりぎりの風土の中にある。だが、その風土特有の短い日照時間と低温ぎみという環境は、この地のお茶に低タンニンとまろやかで甘い味という貴重な特質を与えてくれる。

村上茶の茶畑、茶葉の刈り取り(冨士美園／村上市)

現在、村上には茶の栽培・製造・販売までを一貫している専門業者が数軒ある。この一貫することが村上茶の特徴の一つだと思う。当然、茶業者は柔軟に行動できる立場にあるので、個性的で特徴ある茶業を運営しやすくなる。その一例となるのが、今後の発展が期待される「村上和紅茶（むらかみわこうちゃ）」ではなかろうか。

(2) 佐渡番茶と茶がゆ

比較的温暖な気候を生かして、佐渡島では県内一の潟湖、加茂湖（かもこ）の周囲にはかなりの茶畑があり、収穫された茶葉は加工されて「佐渡番茶（さどばんちゃ）」の名前で販売されている。

緑茶は原料となる茶葉の等級と工程から分類され、新芽を摘んだ後の二番、三番や育ち過ぎてしまった葉や茎などを材料としているのが「番茶」であり、製茶の段階で焙煎の工程が加わると「焙じ茶（ほうじちゃ）」となる。佐渡番茶は新芽が入る上等の原料を使っているので、番茶ではなく「煎茶（せんちゃ）」となるはず。ところが、焙じる工程があるので焙じ茶であって、焙じない煎茶や通常の番茶とは明らかに異なっている。

どうも、佐渡番茶は混乱を招く名称だと思う。京都には、新芽などで作った焙じ茶があり「京番茶（きょうばんちゃ）」と呼ばれている。この京番茶は佐渡番茶とは同じような中身であり、番茶という共通の名前も持っている。ここにも、上方（かみがた）と佐渡との食文化上のつながりを見いだすことができる。お茶の種類、特に番茶と焙じ茶を混同している人が結構多い。それには京番茶や佐渡番茶という名前の存在が若干影響しているのかも知れない。

また、佐渡には「茶がゆ」の伝統を受け継いでいる地域があり、佐渡番茶が使われている。この

村上茶

佐渡番茶

茶がゆもまた、佐渡が西日本の食文化圏に属していることを示す事例の一つとなる。奈良のホテルでは朝食メニューに茶がゆが載っている。佐渡のホテルでもこれに倣ってはいかがかと思う。

(3) ばたばた茶

煮出したお茶を泡立てて飲む「ばたばた茶」と呼ばれる喫茶法が糸魚川市と隣の富山県朝日町に伝承されている。かつて、似たものが全国にあったが、次第に途絶えてしまった。糸魚川市でも消え去ろうとしたが、市やばたばた茶の会により継承への努力がなされている。

糸魚川での点て方の一例。乾燥したカワラケツメイ（マメ科の野草）と番茶を木綿袋に入れて薬缶の中で煮出し、それを入れた茶碗を膝掛の上に置き、手作りに近い独特の形の夫婦茶筅を左右に振って泡立て、泡が細かく滑らかに盛り上がるようになったのをいただく。特別の作法はまったくなく、すべて談笑しながら点てるのだという。茶筅が茶碗を打つ音や動きがその名の由来であることは確かだが、泡立ての理由ははっきりしていない。なお、茶筅は竹の子汁に登場するチシマザサを材料とした素人の作とのこと。

気軽にして雅な喫茶法、来客や寄り合いの場に何よりのもてなしとなる。県西の貴重な文化として、末永く伝承していくことを願ってやまない。

農水省の統計（2020年）によると、新潟県は生茶葉30t、荒茶8tであって決して多くはないが、生産量が示されている最北の都道府県である。家計調査の緑茶について新潟市民の消費は金額数量で3,316円の17位、740gの20位、全国平均値（3,336円、712g）とほぼ同じ。

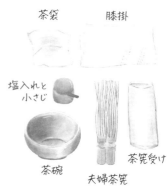

ばたばた茶の道具〈糸魚川市〉

甘酒・一夜酒

「甘酒」は、6世紀ころに成立した世界最古の農業専門書と言われている『齋民要術』*5に記載されているくらい極めて古い飲み物である。

「一夜酒」の別名から分かるように、穀類の麹に水を加えて50〜60℃に保温することで、ほぼ一晩で出来上がるもので、甘酒と名乗ってはいるがノンアルコール飲料だ。ただし、酒粕を湯に溶いて作る粕甘酒には多くの場合アルコールが含まれている。

甘酒いろいろ

江戸時代には夏ばて防止に役立つ安価な飲み物として人気があった。そのためか俳句の季語は夏であって、例えば矢田挿雲の"甘酒を　煮つつ雷　聞こゆなり"がある。

温めたのも悪くないが、冷えた甘酒と飲むヨーグルトを半々に混ぜたものは殊の外味わいに優れ、栄養と水分補給を兼ねて酷暑の夏ばて対策になる。今日、いろいろの立場から見直されているが、機能性もその一つで、新しい知見として新潟大学などの産官学研究チームが米麹にストレスを軽減する効果があることを見出している。当然のこと、米麹だけで作る甘酒が大いに期待されることになる。

新潟県は清酒・米焼酎・みそなど米麹を使う産業が盛んなので、県内各地の醸造所や麹製造所などで甘酒が作られている。中でも、パイオニア的存在である古町糀製造所（新潟市）は中心街に売店を構えており、女性を中心にして人気が高いという。

梅・梅酒・梅の菓子

「ウメ（梅）」は古い時期に中国より伝来したバラ科の落葉高木であり、その果実も"うめ"と呼ばれている。白色の花の開花は全国的には所によって異なり1～4月と幅があるが、新潟市あたりでは3月20日ごろになる。そして"梅雨"のころ6～7月に実を結ぶ。

新潟県内の清酒には、梅という漢字が入った銘柄名がなぜか多い。北から、越の梅里・越の寒梅・峰の白梅・越後雪紅梅・越の初梅・越の寒中梅・越路乃紅梅・雪中梅などが思い出される。春を待つ心が切ないまでに高じたころ、それに応えるかのように寒風にもめげず、時には落雪の中でも凜として花開く梅に、同じ風土に生きる者として近親感を抱くためであろうか。

桜の花には華やかさがあるが、梅の花はなぜか寂しい。でも、梅には梅の実という桜にはないものが与えられている。桜の実をたまたま見かけることがあるが、黒っぽい色の豆粒みたいなものだ。

新潟市江南区役所（旧亀田町役場）の前庭には「藤五郎」という名の梅の古木と「越の梅」という名の梅の原木が植えられており、見ることができる。県内で実梅用として栽培されている品種のほとんどがこの両者によって占められている。

藤五郎の名は江戸時代末期にこれを広めた青果問屋の屋号に由来するとのことで、皮が薄くて身が厚くエキス分が多いので梅干しはもちろんのこと梅酒や菓子などにも向いている。越の梅は藤五郎の梅林中で偶然見つかったもので、やや小粒で梅干しや梅酒などの加工に

梅ジャム
「藤五郎」の木と実

梅干し

適している。田上町ではこの梅の栽培が盛んであり、例年3月下旬ごろ町の梅林公園で「田上うめまつり」が開催されている。

　県下での梅の実の生産は多い方ではなく495tで全国22位（2020年）。1位は「南高」という品種を擁している和歌山県で生産量41,300tは全国の2分の1をはるかに超えている。

　新潟市民の梅干しの購入は金額数量で47位と43位であって真に少ない。しかし、旬のころスーパーなどの店頭で青梅が山盛りになっている様子からすると、市販品ではなく自家製にこだわっている人も少なくないようだ。実際は、梅酒用も多いのかもしれないが。

　梅の実はハイレベルを誇る新潟の酒造技術を生かして数多くの清酒蔵元で梅酒に変身している。おおかたは清酒に漬け込んでいるが、自家製の焼酎を用いているものもある。ランダムに紹介すると、北雪梅酒・越路吹雪梅酒・雪中梅梅酒・越の梅酒・梅酒紅菊水・麒麟山梅酒・越後武士梅酒・梅酒萬寿鏡・八海山の焼酎で仕込んだうめ酒・八海山の原酒で仕込んだうめ酒・〆張鶴梅酒・鶴齢の梅酒・大洋盛蔵人の梅酒・長者盛梅酒ゆゆ・米百俵梅酒などがある。なお、新潟県での果実酒の生産量は411kℓの14位（2022年）であって、梅酒だけのデータは見当たらない。

　梅の実はまた、その爽やかな酸味と季節感を生かしてさまざまな菓子になっている。例えば、梅の実そのままの形を見せる大阪屋（新潟市）の流れ梅や大杉屋惣兵衛（上越市）の飴菓子、越後高田青梅の雫などがある。残念ながら、小川屋（新潟市）本店の看板に書かれている由緒ある銘菓、甘露梅はその名を聞かなくなって久しい。

北雪梅酒
（北雪酒造／佐渡市）

雪中梅 梅酒
（丸山酒造場／上越市）

長者盛ゆゆ
（新潟銘醸／小千谷市）

梅酒いろいろ

ぽっぽ焼き・川渡餅・天神講菓子・薄荷糖

　年中行事や例祭など、何らかの行事や地域独特の事柄に関連する特別の食べ物がある。中でも、子どもたちが喜ぶお菓子については、雛祭りの雛あられ、端午の節句の粽、クリスマスのケーキなどがその例となる。これらの全国どこでもあるものは別にして、地域独特の行事や事柄に関連して作られている菓子の多くは忘れ去られようとしている。しかし調べてみると、県内には狭い地域に限定されてはいるものの、こうした菓子のいくつかがまだ健在だ。

　一年の稲作の豊凶を占う御託宣で有名な蒲原神社（新潟市）の蒲原まつり（6月30日〜7月2日）には約450という驚くべき数の露店が並ぶという。その露店の中には「ぽっぽ焼き」別名「蒸気パン」の店がかなりの数を占めている。この神社だけではなく下越地方のお祭りや催し物では、必ずといってよいほどこの菓子の出店を見つけることができる。

　小麦粉と黒砂糖を主原料として専用の焼き器で焼いて作る褐色のやや平べったい棒状の菓子であって、ごくごく素朴なものだ。下越地方の人たちの郷愁の味とされているが、この郷愁は菓子そのものにというよりは、人混みの喧噪の中で買い食いしたという懐かしい思い出の中に秘められているのではなかろうか。

　一年の最後の月12月1日は乙子の朔日といって、この日に餅を搗いて食べることで水難が免れるという全国的に継承されている行事がある。県内でも、頸城地方の高田や直江津などで「川渡餅」という名前でもって、あんで包んだ餅が縁起物として新暦の11月30日と12月1日に売り出されており、この地方の大事な冬の風物詩になっている。なお、この餅は川中島の戦いで千曲川を渡る前に上杉謙信が兵士に配ったという故事に由来するのだとされている。この地方でのいろ

いろの事柄には上杉謙信がしばしば登場する。敬愛されているのであろう。

学問の神様の菅原道真(すがわらのみちざね)の命日2月25日には全国各地で遺徳をしのんでいろいろの形で天神講(てんじんこう)が行われている。燕(つばめ)市は県内では珍しくこの講が盛んであって、「天神講菓子」と呼ばれている菓子が天神様に供えられている。粉菓子・金平糖(こんぺいとう)・

ぽっぽ焼き

川渡餅

天神講菓子

ハッカ糖

生菓子の3種類があり、道真公の姿はもちろんのことさまざまな形のものがあり、いずれも美しく彩色されている。この菓子を食べた子どもは勉強がよくできるようになるといわれている。

南魚沼(みなみうおぬま)地方は薄荷(はっか)(ニホンハッカ)の先駆的な栽培地であり、それに応じて、比較的簡単に製造できるハッカ油が特産品となった。特に、厳しい三国峠越えを控えたこの地では、疲労克服や回復のためにハッカ油の需要が多かったという。主成分であるメントールはスーッとする清涼感を与える他に鎮痛作用も認められている。

ハッカ油が豊富にあることを生かして「薄荷糖(はっかとう)」が生まれたのは江戸時代中ごろで、その後、明治時代に現在の棒状の形になったと伝えられている。砂糖・水飴・ハッカ油を主原料として作られるもので、チョーク(白墨(はくぼく))そのものの白色は飴状のものを引っかけては引き伸ばす"絹引き"という作業の繰り返しによって含まれた空気によるもの。主に南魚沼市で製造されているが、十日町市や長岡市与板でも作られている。

ジェラート

「ジェラート（gelate）」の話になって、オードリー・ヘップバーン主演の映画『ローマの休日』のスペイン広場でのシーンを懐かしく思い出す人はかなりの歳に違いない。

果汁などに砂糖やミルクその他を加えて攪拌し、空気を含ませながら凍らせたものがジェラート。乳脂肪分が4〜8％であるので「アイスミルク」に分類されており、8％以上なくてはならない「アイスクリーム」よりは少ない。また、空気含量（オーバーラン）が60％台のアイスクリームやソフトクリームに比べて、ジェラートは30％台であるので実質が増え、乳脂肪分の比率が低いにも関わらず濃厚に感ずる。食べるときの品温はアイスとソフトの中間の10〜15℃。

県内ではジェラート工房が急速に増えている。果物以外のさまざまなものを容易に使うことができる自由さが好まれるのであろうか。その例を拾ってみると、トマト・きゅうり・そら豆・枝豆・さつまいも・アスパラガス・抹茶・番茶・清酒・コーヒー・チョコレート・キャラメル・ナッツ類など。希少で珍しいサルナシやポポーも使われている。新潟らしいものとして、ジェラート工房ヤミー（南魚沼市）は地元魚沼の酒蔵数軒の承認で新潟の地酒入りを作り、旅人に人気が高いという。

家計調査によると、新潟市民のジェラートを含むアイスクリーム・シャーベットの消費は金額で15位の11,089円、全国平均は10,858円であって、やや多い。

野菜のジェラート

アスパラガス・スイートコーン

野菜を食べた時のおいしさには、野菜の品種・育て方・収穫のタイミング・収穫後の状態の4条件が関与している。特に、「アスパラガス」と「スイートコーン」、それに枝豆と筍(たけのこ)が加わる4者のおいしさには最後の条件に含まれる"とりたて"が強く影響している。

これらに共通していることであるが、発育途中のまだ若い段階にあるものを無理矢理に完成品にするため、当然のこと変化が激しく鮮度の低下が極めて早い。有効な対策法としては消費までの時間短縮と低温の両者に絞られているので、多くの場合、収穫の場で食べるか低温で流通するかの二つになる。

県内での主要なアスパラガス産地として、豊かな雪解け水と気温の日較差(にちかくさ)の大きい津南高原(つなんこうげん)と転作水田を利用した大規模栽培の新発田市(しばた)があり、ともに4〜6月がベストの旬となる。新潟県の生産量は617tで全国13位(2022年)であって少なくない。

スイートコーンは夏の味覚と思い出を楽しむのに不可欠な一品。豊かな日照を利用して早めの7〜8月に出荷する新潟市の砂丘地と、気温の日較差が大きい高冷地で8〜9月に出荷する津南高原が主要な産地となっている。新潟県の生産量は約3,000tの20位前後であって、まだまだ少ない。北海道に次いで関東地方とその周辺地域での生産が多いのは、何よりも"もぎたて"の新鮮さを求める巨大な需要が存在しているためであり、そこに新潟の出番がある。

家計調査にはアスパラガスとスイートコーンの単独データがない。

饅頭 —— 乙まんじゅう・元祖味噌饅頭・大手饅頭・
酒饅頭・元祖明治饅頭・お六饅頭 ——

　和洋の菓子の多くの場合、小麦粉が作るスポンジ構造の部分はふぁふぁと軽やかであるが、小豆のあんはどうしてもねっとりとして重い。このあんを小麦粉の皮で包むことによって、「饅頭」は軽重のバランスがとれておいしくなり、和菓子を代表するものの一つになったものと考えられる。

　県内には、思いの外に多様の饅頭を見受ける。その中には歴史を感ずるものが少なくない。

　北の方から紹介すると、「乙まんじゅう」は名刹乙宝寺の門前通りにある乙まんじゅう屋（胎内市）製で、ほのかに感ずる発酵によって生じた香味が何より魅力的だ。こちらの創業は約200年をさかのぼる江戸時代末期であって、真に古い。

　みそを入れた皮でもって白あんを包んでいる「元祖味噌饅頭」を製造販売するつるがや（三条市）は江戸時代末期の文政年間に始まる。その饅頭は、当地出身のジャイアント馬場の好物であったというが、みその風味に日本人としての郷愁を感じたのであろうか。

　「大手饅頭」は紅屋重正（長岡市）が作るもので、その名前は長岡城の大手門前に店があったことに由来するという。こちらも200年以上の歴史の重みを感ずる。ふくよかな香りと皮の微かな酸味は発酵によって生成したものであり、重厚なあんの甘味は黒砂糖によるものである。

　さらに長岡市には、明治末期1909年創業の老舗川西屋があり、やはり米麹を発酵させて作る「酒饅頭」を得意としている。この他に生地にしょうゆが入った酒饅頭も作っており、発酵の町・摂田屋産しょうゆの風味が魅力的だ。

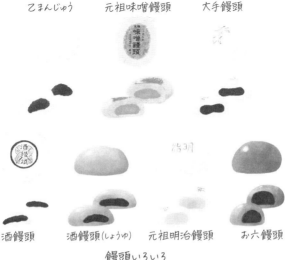

饅頭いろいろ

　1871（明治4）年の創業間もないころの最上屋（柏崎市）で、明治天皇の北陸巡幸を記念して作られたのが「元祖明治饅頭」であって、優に1世紀半を超える年月が過ぎている。薄皮饅頭の一種であって、形は小判、白くてやわらかい薄皮に白あんが包まれていて全体として優しい感じを与える。

　NHK大河ドラマ「天地人」に触発されて出来たというから六日町の「お六饅頭」はまだ若者だ。ことう（南魚沼市）で製造販売されている黒糖饅頭であって、特にあんの風味が魅力的だ。

　この他にも、県内を旅すると、いろいろの饅頭を発見する。温泉が多いせいか定番の温泉饅頭もにぎやかであり、温泉地で饅頭を蒸かしている湯気を見るとホッとする。

　近頃、清酒や酒粕入りなどもよく目につくのは酒造りが盛んな新潟県らしい。また、地域の特産品、例えば甘いサツマイモや枝豆などをあんにしたものも見受けるようになってきた。前向きで貴重な動きだと思う。

スイカ —— 赤塚スイカ・八色西瓜 ——

原産地がアフリカ南部の乾燥地帯であるウリ科の蔓性植物の「スイカ（西瓜）」は、乾燥に強く果実に甘い水分をたっぷり含んでいるので、乾燥地帯に住む人たちだけでなく動物たちのために神様がプレゼントしてくれた貴重なドリンク製造装置だと思う。

原産地に近い地域や中国では炒った種子も食べるというから、驚きである。少年のころ読んだ中国を舞台にした小説で、怪しいと目をつけられた日本人スパイが西瓜の種を上手に食べられないことから露見する、というくだりを今でも覚えている。

日本への伝来の時期は、西の方中国を経て平安時代ころではないかとされているが定かではない。伝来の方角から漢字で西瓜と書くが"水瓜"の方が分かりやすかったのではなかろうか。英語ではそのままずばり「watermelon（ウォーターメロン）」。

旬忘れの食べ物が多いこのごろ、スイカは旬の夏にぴったりである。汗だくになる炎天下、体が水分を要求する時に食べるのが最も自然のことで、促成栽培などで旬をずらしてもらいたくない。

ところで、新潟県はスイカ生産県であり、新潟市の海寄りに広がる砂丘と南魚沼市の黒ボク土でできている八色原とが主要産地となっている。

新潟市西区の赤塚地区を中心にした砂丘地での生産量は県下一であり、俗に「赤塚スイカ」とか「砂丘スイカ」とか呼ばれている。海に近い砂丘上での栽培であるので、日照が強く糖度が高くシャリっとした味わいとなる。主要品種は「祭りばやし」（大玉）と「姫甘泉」（小玉）で、出荷の最盛期は7月上旬〜8月上旬。

八色原の西瓜には「八色西瓜」（大玉）と「八色っ娘」（小玉）などがある。ともに高い糖度とシャリシャリ感が特徴であって、全国的な

祭りばやし
姫甘泉
八色西瓜
八色っ娘
スイカいろいろ

ブランドになっている。ベストシーズンは7月下旬〜8月中旬で砂丘スイカのほぼ1月遅れになり、浜が終わると山がある、と言われてきた。

ところで、「種なしスイカ」は日本で研究開発されたものであるにもかかわらず国内での生産と消費は極めて少なく、一方、東南アジアでは人気が高く盛んに食べられているという。得られる飲料水の質や衛生状態が関係しているのであろうか、水代わりに"がぶがぶと食べる"のだという。それには種が邪魔になるはずで、そのために種無しが求められることになるのだと思う。日本人はスイカには種があるのが当たり前で、種取りも賞味のプロセスだと楽しんでいるように見受ける。水代わりの必需品か、甘い嗜好品か、その背景を考えると興味深いものがある。

新潟県での生産量は17,800tの全国4位であってかなり多い（2021年）。ちなみに1位は熊本県で49,300t。家計調査による新潟市民の消費は金額数量で2,326円の2位と5,548gでともに2位であり、全国平均1,444円と3,048gと比べてみるとスイカ大好きだ。

枝豆・ずんだ

　かなり昔の話になるのに今でもよく覚えており、よほど印象深かったらしい。新潟市に赴任直後、ビールの肴に枝豆でも庭に作ってみようかと訪ねた種苗店でのこと。「一体、いつごろ食べたいんだね」と店の主人に聞かれて、一瞬、意味が分からなかった。そこで、夏から秋までいつでも食べることができるように品種が揃っていることを教えてもらって新潟人の枝豆への執念の強さに驚いた。半世紀以上も前のことであるが、新潟ではすでにそんな状態にあったのだ。

　その執念はその後さらに高まりをみせて、例えば、まだ5月だというのに「弥彦むすめ」が出回り始め、ブランド物「くろさき茶豆」に「新潟あま茶豆」などの茶豆が盛夏の7〜9月と続き、10月中旬に「肴豆」でもって最後となる。まさに、真夏を挟んでほぼ半年間にわたり旬をつないでいる。

　なぜ、こんなに絶え間なく栽培されるのであろうか。新潟の夏は暑い。冷えたビールには笊に山盛りの枝豆がよく似合う。そして"とりたて"に最もこだわるのが枝豆であって、できるだけ身近で採れて欲しいのだ。それを裏付ける統計がある。

　枝豆栽培面積1位の新潟県と生産量1位の千葉県の両県をこの順序

	5月			6月			7月			8月			9月			10月			主な品種
	上旬	中旬	下旬	上旬	中旬	下旬	上旬	中旬	下旬	上旬	中旬	下旬	上旬	中旬	下旬	上旬	中旬	下旬	
	弥彦むすめ																		極早生大莢
			新潟えだまめ（早生）																初だるま　　おつな姫 湯あがり娘　いきなまる
						新潟茶豆													新潟茶豆 越後ハニー
								新潟あま茶豆											ピカリ茶豆 晩酌茶豆
											新潟えだまめ（晩生）								肴豆 秘伝

旬の枝豆カレンダー（参考）新潟県の魅力発信ポータルサイト「新潟のつかいかた」

で比較（2021年）してみると、出荷量は7位と1位であるので新潟県では広い畑で栽培しながら販売はさっぱりということになる。生産量と出荷量との差額は1位と5位で、この値は生産者がなんとなく消費した量に該

新潟えだまめ盛

当するので、計算してみると、新潟では採れた枝豆の4割強を身内・身近な人・友人・知人たちが何となく（多くはただで？）消費していることになる。真に商売気がない。

　ところで、家計調査では枝豆はさや豆に含まれているので、消費データを直接知ることができない。しかし、新潟市民のさや豆の消費は金額数量でもって5,345円と4,816g、ともに1位。2位の秋田市民の値（3,356円、3,127g）と比較して異常に多いことや諸般の情報から推察して、枝豆の消費も日本一ということは間違いない。そうしたことを背景にして、新潟県は枝豆王国新潟のイメージ確立のために、笊に盛って大盛りの枝豆をみんなで食べる食文化を「新潟えだまめ盛」と命名しPRしている。

　枝豆を豆のまま食べるのではなく、ゆでたのをすりつぶし「ずんだ」または「じんだ」にしてから菓子や料理に用いることが多く、殊の外鮮やかな緑色が重宝されている。

　県内では、ずんだという名前がポピュラーでないためか、枝豆をすりつぶす食べ物はないのではと思われがちだが、そうではない。例えば、県食推協編『にいがたの伝統料理』には加治川村（現新発田市）で"十三夜の日にゆでてつぶし砂糖と塩で味付けした枝豆に新米と新サトイモでもって「いも名月」という名のぼた餅を……"という記述がある。なんとも雅な名前であるが、そこにはずんだという文字はない。なお、くろさき茶豆は2017年に地理的表示(GI)保護制度*6に登録されている。

トウガラシ
—— かぐらなんばん・おにごしょう・なんばん味噌・かんずり ——

　コロンブスによって15世紀末にアメリカ大陸からヨーロッパに伝えられてきたトウガラシ（唐辛子）、胡椒よりも安価で強い辛味が魅力的なスパイスとして瞬く間に世界各地に伝播した。このトウガラシを含めてトマト、ジャガイモ、それにタバコのいずれも中南米原産のナス科の植物であって、世界各地において良きにつけ悪しきにつけ今日まで人々に愛されてきた。ナス科と人類との間にある何らかの深い因縁を感じさせられる。なお、ナスはインド原産。

　現在、形や辛味の強さなどが違う数多くの栽培種が生まれてきたが「ししとう」「ピーマン」「パプリカ」と呼ばれているものはすべて植物学的にはトウガラシの栽培種。その灼熱感を伴う特異的な辛味はカプサイシンやジヒドロカプサイシンなどによるもの。なお、激辛で有名な「ハバネロ」はトウガラシと同じトウガラシ属（Capsicum）だが種が違っている。

　日本には、16世紀末に南蛮貿易により伝来し、各地で広く愛されるに従って多様な品種が生まれている。新潟県中越地方には「かぐらなんばん」というピーマンの仲間が伝承されている。その名を漢字で書けば神楽南蛮であり、形が神楽獅子に似ているから"かぐら"、トウガラシの伝来初期の呼び方が南蛮胡椒であるので"なんばん"、その両者を合わせて、かぐらなんばんの名前になったのであろう。また、頸城地方では「おにごしょう」「ぶたこしょう」などの別名も使われている。

　かぐらなんばんはベル形としては珍しく辛いが、その辛さは辛いことで有名な品種の「鷹の爪」よりはかなり弱い。辛味の他に甘味と旨味もあっておいしく、野菜としてピーマン同様に緑と赤どちらの色で

トウガラシいろいろ

赤トウガラシ / かんずり（かんずり／妙高市） / 鬼胡椒（町田味噌醸造所／上越市） / ハバネロ / かぐらなんばん / かぐらなんばん味噌（巻機工房／南魚沼市）

も重宝されている。

「かぐらなんばん味噌」はなめみその一種で、細かく切ったかぐらなんばん・みそ・調味料、ときには酒などを原料にして炒めて作る。加熱することで保存性もよくなるので、瓶詰めの形で特産品として方々で販売されている。味わってみると、最初はトウガラシ特有の香りに甘味と旨味を感ずるが、次にピリッと辛味がやってくる。熱々のご飯との組み合わせがベストだが、その他、薬味や味付けなどにも役立ち、食欲低下で夏ばて気味の体をカプサイシンが鼓舞してくれる。

「かんずり」は妙高市伝来の加工品であって、戦国時代の武将上杉謙信が京都から持ち込んだ南蛮渡来のトウガラシに起源があるとされている。この地方に伝承されている食品には上杉謙信がしばしば登場する。塩漬けした赤トウガラシを一旦"雪さらし"してから、麹・柚・塩を混ぜて3年ほど発酵熟成させることで旨味を伴う辛味調味料となる。雪の上で天日に曝すことでトウガラシはあくが抜けて、より美味になるのだという。空の青・雪の白・唐辛子の赤が織りなす雪さらしの景観は、冬の一幅の絵としてマスコミをしばしばにぎわせている。

新潟県のピーマン生産量は628tで15位（2021年、作物統計）。家計調査による新潟市民のピーマンの消費は金額数量で2,480円の11位と3,131gの10位で全国平均をわずかにオーバーしている。

ナス —— 巾着なす・焼きなす・鉛筆なす・十全なす・
越の丸なす・笹神なす・越後白なす ——

　冬でも手に入る今日であるが、やはり「ナス（茄子）」は何といっても夏の野菜だと思う。藤沢周平の『蝉しぐれ』には、主人公の文四郎が下級武士の貧しい家計を補うために夏の炎天下、庭のナスに水をやるため近くの小川との間をせっせと往復する。一息ついた時、暑い空気をかきたてるように蝉が鳴いている、という内容の一節がある。これを読むと、さらにその思いが募る。

　ところで、新潟のナスについて興味深い統計がある。農水省の統計（2022年）によると、収穫量39,300tで1位の高知県と16位・5,310tの新潟県を比較してみると、面積10ha当たりの収穫量は高知県の12,500kgに対して新潟県は1,090kg、まさに桁違い。さらに、収穫量に対する出荷量の割合は、高知県の86％に対して新潟県は48％で2分の1。新潟県の農家は、量のことを気にすることなく自分のためや身内のために栽培しているようで、さっぱり商売っ気がない。

　このような新潟県に多種多様のナスがあるのは必至のことで、少なくとも20種以上はあるらしい。姿が巾着形の「巾着なす」は主に郷土料理の「ふかしなす」になるが、蒸かすという料理法が珍しい。また、焼きナス専用で皮が薄い「焼きなす」、尻が尖っている「鉛筆なす」など、いずれも率直な名前で分かりやすい。

　漬物用に若採りすると当然収穫量が減る。このことも単位面積当たりの収穫量が少ない原因の一つになっているはずだが、若採りナスの浅漬けは殊の外おいしい。中でも、夏になると「十全なす」の浅漬けの出番となる。鮮やかな茄子紺色の浅漬けは肉質が緻密でありながら歯切れよくて爽やか、特に、冷やして食べたときの味は格別だ。旅人が絶賛するのも当然だと思う。

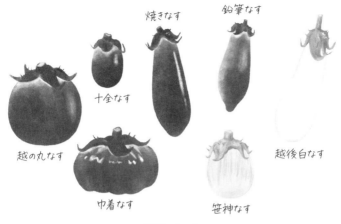

なすいろいろ

　ところで、現五泉市・村松の近くに、かつて"十全村"という小自治体があり、このナスと関わり合いがあるのだという。まったく余計なことであるが。

　大形の丸ナス「越の丸なす」は新潟県園芸研究センターが育成（1976年）したもので、京都の「賀茂なす」に負けない高品質をうたい、糸魚川市の特産品となっている。阿賀野市産の「笹神なす」は白ナスとも呼ばれているが薄緑色。新潟市西蒲区伝統の「越後白なす」は真っ白であって真に珍しい。ナスでありながら茄子紺色でないのが何となく妙に感ずる。一緒に煮た場合に他の食材を汚さない利点があるはずだから煮物に適しているのであろう。

　他県からみえた人たちは、野菜売り場でナスを見て、色は濃紺から薄緑、大小、丸に紡錘形、中には先が尖ったものまであり、その多彩さに驚くという。我々は、それが当たり前だと思ってきたのだが。

　新潟市民のナスの消費は金額2,744円全国4位、数量5,739gで全国3位、全国平均値（2,082円、4,321g）よりもかなり多い。やはり、おいしいナスやその漬物が身近に溢れているせいであろう。

海藻 —— ワカメ・ツルアラメ・ホンダワラとアカモク・モズクとイシモズク・ウミゾウメン・アマノリ類・テングサ・エゴノリ ——

　海藻などを含めて海洋に二酸化炭素を吸収・蓄積させるというブルーカーボン[*7]の実践の一つとして、海藻を工業用プラスチックの原料にするため佐渡島の両津湾黒姫沖で「ワカメ」を食用よりも大きく育てている、というニュース（2023年）に接して、海藻にも新時代が到来していることを強く感じた。

　日本の太平洋側ではカワノリやスイゼンジノリなどの淡水産藻類が食用にされているが、新潟県内で採れる藻類のすべてが海水産の海藻であって淡水産の話は聞かない。また、藻類はその外観からアオサなどの緑藻類、「エゴノリ」などの紅藻類、ワカメなどの褐藻類などに分けられるが、県内では緑藻類の養殖や収穫は認められない。

　新潟県内で海藻類の養殖や収穫が最も盛んなのは佐渡であって、出入りに富んでいるため海岸線が長く岩礁海岸が多いという利点によるものであろう。

(1) ワカメ

　褐藻類の一種ワカメは昔も今も日本人にとって最もなじみ深い海藻の一つ。全国的に収穫されるが、日本海産のものはやわらかくておいしいと高く評価されている。県産海藻のうち最も多く採れるのもワカメで、佐渡で天然ものと養殖もの、上越では天然ものがあり、養殖ものは2〜5月、天然ものは5、6月

佐渡産ワカメ

佐渡産ナガモ

に収穫される。塩蔵ものもあるが、大半は乾燥品となる。

県内での養殖ワカメの収穫量は41tの全国14位（2021年）であるが、天然ものの都道府県別収穫量データは見当たらない。家計調査では、新潟市民のワカメの消費は

あらめ巻き

金額数量で19位と15位で全国平均よりやや多い。参考まで、コンブについては26位と5位で全国平均に比べて金額は同程度、数量は全国平均よりかなり多い。干し海苔は金額19位で平均よりわずかに少ない。全体として、新潟市民は海藻を多めに食べているようだ。

（2）ツルアラメとあらめ巻き

「ツルアラメ」は褐藻類の一種でコンブとは近縁。細かい凹凸がある幅広の葉状であり、ややアクが強い。5、6月に収穫し、多くは乾燥品としてそのまま出荷されるが、佐渡外海府では細かく刻んで煮たものを木枠の網で干し海苔状に成形乾燥して「板あらめ」にする。コンブに代わってあらめで巻いた「あらめ巻き」はこの地域伝統の郷土料理であり、全国的にみてもかなり珍しいものだ。なお、「アラメ」は主に太平洋岸で採れるもので、別種であってツルアラメではない。

（3）ホンダワラとアカモク

「ホンダワラ」と「アカモク」、両者ともに同じ属の褐藻類であって浮袋を備えて直立することなど外見上の違いが少ないので両者区別しにくい。そのためか、「ぎんばそう」「じんばそう」「ぎばさ」「ながも」などの別名があるが、両者のいずれを指すのか地域によって一定していないようだ。佐渡ではホンダワラをぎんばそう、アカモクをながもと呼んで区別している。実際には、いくつかの点で両者に違いがあって、ホンダワラは5、6月ごろ収穫され、粘りが少なく歯触りがよいので大きめに切って汁ものなどに、アカモクは2、3月ごろに収穫さ

れ、ぬめりが強いので細かく刻んでかき混ぜてとろろ風に食べる。アカモクの粘質物はアルギン酸やフコダインという名の多糖類であって、その機能性が注目されている。なお、「アカモク」は新潟県のプライドフィッシュ*8に指定されており、佐渡島の大事な土産物にもなっている。

（4）モズクとイシモズク

この両者、いずれも糸状の褐藻類。「モズク」はホンダワラ類に絡みついて生育し5、6月に収穫され、「イシモズク」は岩や石に付着して生育し7、8月に収穫され、いずれも「もずく酢」や汁ものとして賞味される。主な水揚げ地は佐渡の他に柏崎と出雲崎。なお、流通販売されているのはほとんどがオキナワモズクという別種であるという。

（5）ウミゾウメン

「ウミゾウメン」は枝分かれのない細長い紅藻であって、ぬるぬるとしている。形がそうめんに似ていることによるもの。大部分が粟島で収穫されており、灰をまぶす「灰干し法」で乾燥されているので、水に戻し加熱すると鮮やかな緑色が再現してくる。主に酢のものや和えものにして賞味する。

（6）アマノリ類と岩のり

冬、佐渡では荒海にもまれながら育っている紅藻類のウップルイノリを主とするアマノリ類を採取し、それを漉いて乾燥して干しのり風の「岩のり」が作られる。磯の香り強く歯ごたえもしっかりしていて、養殖ものにない風味として評価が高い。

（7）テングサとところてん

「ところてん（心太）」や「寒天」は紅藻類のテングサやオゴノリから作られる。かつて佐渡産のテングサは良質で有名であったが現在では非常に少なくなったとのことだ。

そよ風が吹き抜ける茶店の"ところてん冷えてます"ののぼりはまさに夏の風物詩。新潟県内では弥彦山登山口茶屋（弥彦村）、善作茶

屋（加茂市）、日本一うまいトコロテン（上越市）の名前をよく聞く。いずれも一本箸の酢じょうゆ味だ。ところが、佐渡では酢じょうゆに砂糖をかけ箸二本で食べるのが普通だという。糖蜜をかけて食べるという関西と相通ずるものがある。

(8) エゴノリとえごねり

「いごねり」または「えごねり」、縮めて「えご」は主に日本海沿岸に産する紅藻類エゴノリに含まれる高分子化合物の多糖類を利用した寄せ物料理の一種。かつてはお盆などの行事のための料理であったが、今では年中販売されているのでいつでも入手できる。

エゴノリを煮溶かして、寄せ物として食べる食習慣は主に日本海側に分布しており、福岡県では「おきゅうと」と呼んでハレの日、ケの日を問わずよく食している。隣の福島県会津ではお盆などの大切な料理になっているが、これは新潟の行商人がもたらしたものだという。新潟港が会津の海の窓口になっていたことを示す一例となっている。

ところで、呼び方は佐渡ではいごねり、越後ではえごねり。食べ方もかなり異なっていて、佐渡では薄めに固めたものを巻いてから太麺のように切って、越後では深めに固めたものを薄めの四角形に切って食べる。辛子みそやネギなどを薬味にしたしょうゆ味で食べるのは共通しているが。

食物繊維に富み健康にもよい貴重な伝統料理とされてきたが、近年特に関心が高まってきている。例えば、越後えご保存会（長岡市）は2013年に発足以来、えご食文化の保存・継承・普及を目指しており、「えごリンピック」なるものを4年ごとに開催している。

エゴノリ

酢みそをかけることも

いごねり（佐渡）

巻いてから切る

えごねり（越後）

鮎の石焼き・わっぱ煮

　我々先祖の最初にして最大の発明は火の利用だと言われている。

　その恩恵を最高に受けたのが食であり、衛生・栄養・食味・貯蔵などに数えきれないほどの恩恵がもたらされた。中でも、生に比べてやわらかくて歯切れよく、うまくなったことが大きい。

　ほとんど食べ物は、加熱によって香味が向上しておいしくなる。本来「フレーバー」という言葉は肉を焼くことで生成した香味に限定されていたのが次第に広く用いられるようになったのだという。

　ほぼ一万年前に加熱可能で水漏れしない土器が出現するまでは、料理といえば、ちぎる・切る・刺す・焼くくらいであって、煮る・炊く・蒸す料理は不可能であった。

　そのため、最初はもっぱら焚き火で炙るくらいであったのが、やや進歩して熱くなった石の上で焼いたり、焼け石や燠火の下で蒸し焼きをしたかもしれない。

　この焼け石を利用する料理が、新潟県の島に二つの様式で伝承されている。

　一つ目は南佐渡を流れる羽茂川で行われる「鮎の石焼き」。鮎の解禁日に合わせて時期は夏、どうしても野天の暑い川原で行われることになるので真に暑そうだが、逆に冷えたビールがおいしいに違いない。

　2時間以上もかかって焚火で熱した平らで大きめの自然石の上にみその土手をぐるっと築き、その内側に鮎、酒、みりんなどを入れて見守る。

鮎の石焼き

焼けた鮎の身をほぐし、土手のみそを崩して混ぜながらいただく。内臓のほろ苦さ、焼けたみその香ばしさが加わった鮎の風味は格別だという。

明治・大正時代の地理学者で『日本風景論』の著者、志賀重昂(1863-1927)によって、世界の五大珍味の一つとして紹介されている。

二つ目は粟島（粟島浦村）の「わっぱ煮」。舞台は岩船沖の日本海に浮かぶ島の浜辺となる。

弁当箱として使われていた杉板製の曲げわっぱに、湯・焼き魚・みそ・ネギなどを入れ、そこにあらかじめ焚火で焼いておいた小石を放り込むと瞬時に沸騰し、潮の香溢れるみそ汁が出来上がる。魚はもっぱら磯魚で、出たとこ勝負の獲れたもの次第、メバル・アイナメ・カワハギ、時にはタイなども。火で加熱できないはずの木製の容器を使って煮炊きしようというのであるから、これを考え出した人はなかなかの知恵者だと思う。

ある旅人のエッセーの一節に、民宿の主人が言ったこととして"何回もわっぱ煮に使った石には魚の味が染み込んでいて、それを日本酒に入れて燗をつけた石燗が最高に旨いんだよ、飲んでみる？……"とあった。

さわさわと小石を揺り動かす波の音を聞きながら、野天の浜辺でやや原始的と思われる料理法での食のひとときは、旅人を大自然の中に深く誘い込むことであろう。

フグの子の粕漬け

　佐渡島には「ふぐの子の粕漬け」という極めて珍しい土産物がある。そのままでも良いが、軽く焼くのも良い。酒の肴によく合う。

　フグ科（Tetraodontidae）の魚は約180種、この中には、体内の特に卵巣に猛毒のテトロドトキシンを蓄積しているものが少なくない。小泉武夫著『食に知恵あり』の中に"この地球上で最も奇怪な食べ物は石川県産の猛毒なフグの卵巣の糠漬けだ"という趣旨の一節がある。これを読んで、「待てよ、新潟県にもあったのでは」という記憶がよぎり、さらに調べてみたところ方々にあった。その一つが佐渡の粕漬けだ。

　現在、県内で実際にフグの卵巣を加工販売しているのは須田嘉助商店（佐渡市）1軒のみ。須田社長の説明によると、6、7月ごろ、産卵のため佐渡沖に近づいたゴマフグを獲り、卵巣2に塩1くらいの割合で約2年間塩漬け、次に1年ほど粕漬けにしてから、保健所の毒性検査を受けて出荷する。この製造過程で毒成分が抜かれる仕組みとして、今までは漬け液や漬け床への移行によって減るのではないかと、とりあえず説明されてきたが、近年、新潟食料農業大学の北島祐二教授らによってそのことが精密に確認された。

　フグの卵巣の漬物については江戸時代にまでさかのぼる。佐渡奉行、石野広通著『佐渡事略』に"ふぐの子を塩して加賀へ送る"という記述があるので、佐渡と加賀とはフグの子でもって縁があることになる。

ゴマフグ

ふぐの子の粕漬（須田嘉助商店）

トビウオ・あご・あごだし

勢いよく海上を滑空している「トビウオ（飛魚）」を、佐渡航路のカーフェリーから見ることができる。快い夏の風物詩の一つだ。

日本近海で見かけるトビウオ科のトビウオは約30種で、そのうち佐渡沖で見かけるのは主に「ツクシトビウオ」と「ホソトビウオ」の2種。旬は夏で定置網を使って漁獲され、焼く・煮る・刺し身などでも食されるが、何といっても「あごだし」になるのが大きな特徴だ。

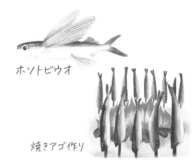

「あご」という別名は九州から日本海側で広く使われているもので、佐渡でもとうの昔から使われてきた。

あごだしは佐渡の特産品として観光土産になっている。その作り方の一例を示すと、まず鱗をとり除き、前鰭のところで頭を切り落とし、腹を割いて内臓をはずしてからよく洗う。頭の方から竹串を刺し入れて火の周りに並べ、背中から腹側の順に焼く。さらに、焼き上がったものを弱火でじっくり乾燥して「焼きあご」の完成となる。6、7月の暑い夏での作業、大変な仕事だと思う。

くせのない素直な旨味が魅力的で、近年急速に注目されてきた。このあごだしの旨味成分が何であるかは興味あるところだが、まだ研究データの蓄積が不足しているものの、近々の論文を見るかぎり主要な旨味成分はかつお節と同様にイノシン酸などの核酸系旨味成分に落ち着くものと思われる。そうなるには、煮干しではなく、新鮮な生魚を直ちに焼干しすることにあるようだ。

鯨肉・鯨汁

鯨汁

近くのスーパーや鮮魚店には夏になると塩蔵鯨肉（くじらにく）の脂身が売られているが、他の肉や魚に比べて値段がかなり高い。

かつて、大多数の日本人が牛肉や豚肉を口にできなかった時代、「鯨肉」は鶏肉に次ぐ庶民にとって重要な食肉であった（77ページ「牛肉・豚肉・鶏肉」のグラフを参照）。ただし、昔の人は魚肉の一種だと信じていたかも知れないが。

鯨の脂身の食べ方について全国的に調べてみたところ、地方によってかなりの違いがある。近畿以西の西日本では冬の煮物にする場合が多く、中でも「ころ」は脂身を揚げたもので、おでんの定番になっているほどおいしい。

塩脂身と野菜を具にした「鯨汁」（くじらじる）は日本海側に広く分布しており、その多くは冬や正月の大事なごちそうとして賞味されている。ところが、なぜか新潟県の越後、山形県、福島県の会津では夏の暑さを克服するためのごちそうになっている。

夏の鯨汁の場合、鯨肉にプラスする具として夏の新ジャガイモも少なくないが、新潟県内ではユウガオが最も好まれている。半透明になって遠慮深くみえるユウガオと個性的な鯨肉とは真に相性が良いらしい。隣の会津では山菜のオオバギボウシ（うるい）との組み合わせが好まれているという。この山菜もくせがないところが、何となくユウガオに似ていると思う。

牛肉・豚肉・鶏肉

　ヒトという動物は肉が大好きだ。約200万年前という大昔、脳の飛躍的肥大と関連してこの肉嗜好が始まり、それが現在に至っているのだという。何しろ、脳の肥大や維持のためには多量のタンパク質の摂取が必要だから。このように、人類と肉との関わりは深くて長いので肉との付き合い方も多様となり、狩猟・遊牧・農耕・漁労それぞれの民族で大きく異なっている。

　出自が農耕民族である日本人の場合、魚肉は別にしていわゆる肉というものを充分に食べるようになったのは、さかのぼること1世紀未満のごくごく近年のことで、それまでは摂取量が少ない上に食肉の種類が現在とはかなり異なっていた。（グラフ参照）

　日本国内でも違いがあり、中でも「西の牛に東の豚」が有名だ。近年の家計調査によると、新潟市民の消費は金額数量で豚肉はともに1位、牛肉の47位と46位、鶏肉の36位と25位、合挽肉は43位と42位であって、まさに東西食文化の違いがそのまま現れている。

　なお、関西の人は牛肉ばかり食べているように思っている人が少なくないようだが、それは間違いで、例えば棒グラフから分かるように牛肉消費量1位の奈良市でも牛肉よりも豚肉と鶏肉の方がより多く消費されている。

(1) 牛肉

　牛肉をあまり食べない新潟県にあって、肉牛について有名ブランドがあるのが興味深い。牛の評価は、歩留まりを示すA・B・C（Aが上位）と肉質を表す

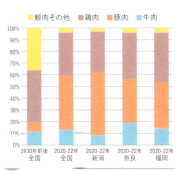

肉類の消費・数量比

1・2・3・4・5の等級（右が上位）の組み合わせによって表される。例えば、新潟県全体の共通ブランド「にいがた和牛」はA3またはB3以上であることになっている。消費者にとっては肉質1・2・3・4・5の方が参考になる。

　なお、にいがた和牛のなかで、村上市・岩船郡・胎内市で肥育されたものは「にいがた和牛村上牛」と称しており、名誉賞（日本一）など幾多の受賞歴を持ち、高品質のものとして評価されている。新潟県での牛の飼育数（2021年）は乳用牛が6,040頭で27位、肉用牛が1万1,350頭で35位、多いとはいえない。

(2) 豚肉

　豚肉大好きな新潟県には、それに応じてか県下各地にブランド豚が多数存在しており、その数はほぼ十指になる。そのブランド名は、朝日・越後・越・白根・津南など地域名を冠しているもの、味わい・もち・雪室熟成・黄金など品質をうたうものなど多彩である。中でも、雪室熟成の名は雪国新潟らしい。県内での豚の飼育数（2021年）は18万2,100頭の17位、多い方であるのは地元の需要が後押ししているのであろう。

　なお、新潟で食肉としての消費が極めて多いことは家計調査でもって認められるが、原料が豚肉であるハム・ソーセージ・ベーコンなどの肉加工品の消費も多く10位以内の上位に位置している。また、大好きなカレーライスの肉、ラーメンのチャーシュー、タレかつ丼などみんな豚肉だ。これらは家計調査では表面化しなかったものだが、すべてを合わせると新潟県民はかなりの量の豚肉を腹の中に納めていることになる。

(3) 鶏肉

　農家の庭先で放し飼いの鶏をよく見かけたものだが、今は鶏といえばブロイラーという時代になっている。ブロイラーは効率的に飼育された若鶏のことで、その肉はやわらかくクセ少なく、品質が安定し値

段も安い。しかし、画一的であって旨味不足だという指摘が絶えない。さらに、秋田の比内鶏(ひないどり)のような物語がないのも欠点かもしれない。県内でのブロイラーの飼育数（2021年）は182.1万羽の24位で少なくはない。

鶏の半身揚げ

新潟県としても新しい地鶏の創出が求められていた。それに応えて県畜産研究センター（三条市）により2004年に新潟県原産で天然記念物である「蜀鶏」(とうまる)をベースにした「にいがた地鶏」が育成された。風味が濃厚、保水性が高いため肉汁の分離損失が少なくてジューシーという高い評価を得ている。

家計調査での鶏肉としての消費は前記のとおりで多くないが、天ぷら・フライの消費が全国第3位でかなり多いことから揚げものの形での消費もかなりあると推定される。新潟には、よく知られているB級グルメの一種「鶏の半身揚げ」がある。若鶏の半身にカレー風味をつけて揚げたもので、外側がパリッと内側がジューシーで真においしい。

鶏肉消費のトップは金額で福岡市、概して九州が多い。

ところで、誰もが不思議に思っていたに違いない山間の無人駅の幻の駅弁。ご飯の上に鶏肉と卵のそぼろがのっている磐越西線(ばんえつさいせん)の日出谷(ひでや)駅の駅弁「とりめし弁当」が十余年ぶりに復活し、2023年からSLばんえつ物語号の運行に合わせて津川駅で販売されている。久しぶりに鶏についてのほほえましいニュースだ。

とりめし（いとう屋／阿賀町）

春／夏／秋／冬

燻製・ハム・ソーセージ・生サラミ

　火の利用は人類にとって画期的な事柄であった。ごく初期のころ、堀っ立て小屋の中央には、絶やすことなく火が燃えていたと想像される。暖かいのはよいが、多分に煙かったに違いない。また、一つしかない多目的な部屋なので、乾かす衣類などさまざまなものがぶら下がっていたはずだ。そのうちに、火の上の方にぶら下げておいた食べ物の乾きが早くて腐れにくいことや独特な味わいや色あいになることを観察し記憶したに違いない。

　そうした経験を経て、腐りやすい食材を燻して保存するという方法、すなわち「燻製（スモーキング）」という食品加工法が世界各地でごく自然に誕生したと思われる。昔も今も、燻製で生成した香味は、老若男女に民族や宗教のいかんを問わず世界中の人たちに等しく好まれている。

　日本人は、この方面ではあまり知恵を働かせてこなかったようで、大方の人が思い浮かべるのはおそらく「かつお節」と「いぶりがっこ」

へんじんもっこ（佐渡市）の肉加工品

の2点どまりだと思う。日本人にとって最も重要な魚介類について、その保存をごく単純に塩漬けや天日乾燥だけで済ませてきたのが不思議なくらいだが、それで充分に事足りたのであろう。しかし、かつお節の製造が、燻蒸とカビを利用した極めて高度な技術によるものであることは間違いない。特に、カビ付けによる脱水の促進と旨味の向上、脂肪の分解除去はすごい技術だと思う。なお、秋田のいぶりがっこは有名だが、県内の中越地方にも大根の燻製干しの伝統が細々ながら伝えられている。

　ところで、家畜を飼育していた民族は、大形動物の屠殺後、肉などの加工保存には大変苦労をした。その苦心の結果生まれたのが燻製の応用と香辛料の積極的な利用であって、それによってハム・ソーセージ・ベーコンなどの豚肉加工品が誕生した。

　ハム、ソーセージなどの製造技術が日本に伝来してからほぼ2世紀が経過して日本人も燻製の香味に慣れてきたためか、大メーカーの他に、近年、手作りでもって個性的な製品を生んでいる小規模な工房を方々で見かけるようになった。

　新潟県は養豚が盛んであるので、県内各地で飼育されたブランド豚を背景にして、いわゆるハンドメードファクトリー、すなわち手作り工房が数多く生まれ、それぞれに個性ある製品を作り出している。中でも、研究熱心で幾多の国際的な受賞歴を有している、それこそ変わった名前のメーカー、へんじんもっこ（佐渡市）がある。ドイツ直伝の技術でもってサラミやソーセージを中心にユニークな肉加工品を製造しており、中でも生サラミは殊の外珍しい。

　ちなみに、家計調査による新潟市民のこれら肉加工品の消費状況は、金額数量の順でハムは23位と4位、ソーセージは11位と8位、ベーコンは5位と7位であって、かなり食べている方である。この3種の肉加工品の原料はすべて豚肉であるので、新潟市民の食肉としての豚肉の消費が全国のトップクラスにあることと、相通ずるものがある。

ひこぜん・エゴマ

ひこぜん

実　葉

エゴマ

　炊いた米をすりこ木などで不完全に潰すことに"半殺し"という怖い名前が付いている。ウルチ米とモチ米の半々程度を炊いてから半殺しにしたのが「ぼたもち」であり、ウルチ米のご飯を半殺しにしたものに「きりたんぽ」や「山もち」がある。

　現在でも、三条市下田（しただ）の五十嵐川（いからしがわ）流域には山もちの一種「ひこぜん」またの名を「ひこざえん」が伝承されている。この名前から彦左衛門という人物との関係が考えられるが、よく分かっていない。また、下田地区から八十里越（はちじゅうりごえ）を越すと福島県の会津地方にたどり着く。この会津に非常によく似た「しんごろう」という伝統料理があって、両地域の繋がりの深さを教えてくれている。

　道の駅・漢学の里しただ（三条市）にある農家レストラン庭月庵悟空（ご くう）で、このものをいただくことができる。半殺しのご飯をへら状の木にわらじ形に張り付けたものを炭火で焼き、次に炒ってすりつぶした「エゴマ」とみそを混ぜて調味したエゴマみそをたっぷり塗ってから再び軽く炙る。焼けたみその香ばしい風味が食欲を刺激してくる。

　エゴマは漢字で"荏胡麻"と書くシソ科植物で日本原産。その種実は、日本にナタネが導入される以前の主要な油脂原料であった。必須不飽和脂肪酸の一種、α-リノレン酸を特異的に多く含み、健康に良いことで注目されており、県内各地で栽培されている。

秋

米 —— コシヒカリ・こしいぶき・ゆきん子舞・新之助・
こがねもち・華麗舞・先人たち ——

　コシヒカリと聞くと、何となくジャガイモの一品種「男爵」のこと
を思い出す。男爵は明治初頭に導入以来約120年、一方、コシヒカリ
も誕生以来約70年。ともに頭抜けて高い知名度と抜群の長命を保っ
ており、まさに奇蹟の品種だと思う。それは、環境への柔軟な適応性
と高い嗜好性に基づくものであろう。

　現在、新潟県が米生産において日本一で、全国総生産量8千万tの
8%を担っている。それを支える主役がこのコシヒカリという品種で
あることを知らない人はいない。

（1）コシヒカリ

　1931（昭和6）年にウルチ米「水稲農林1号」が新潟県農事試験場
（現新潟県農業総合研究所）において並河成資らによって誕生、極早
生で多収量性に加えて食味良好であった。その後、イモチ病耐病性の
向上を目指して農林22号を母親、農林1号を父親とする交配で得ら
れた種子が新潟県から福井県に送られ、その中から選抜されて誕生し
たのがコシヒカリ。1956（昭和31）年に「水稲農林100号・コシヒカ
リ」の名で品種登録された。

　こうした選抜育成の間に、食味良好という特性が最後の最後まで脱
落しなかったのは、まさに奇蹟というに値することだと思う。当時
は、すべてにおいて味などは二の次、増産増産の時代であった。

　現在のウルチ米全体の中での作付面積の割合は、新潟県内で
63.7%、全国で33.7%、ともに1位（2020年）。

　しかし、自然は怖い。このコシヒカリも2023年夏の猛暑にはかな
りダメージを受けた。こうした高温傾向は今後も避けられそうもない
ので、早急に耐暑性ある早生または中生のコシヒカリ・ファミリー品

お米チャート（新潟米図鑑vol.2／新潟県 食品・流通課）

種の育成が求められる。そうした中で新潟大学が育成した「新潟大学コシヒカリ」への期待が大きい。

（2）こしいぶき、ゆきん子舞

　県内で、はるか彼方まで一面に稲で覆われているように見える景観によく出会うが、そのほとんどがコシヒカリだという。同じ地域で同一作物のみを栽培することを「モノカルチャー」というが、これは品種まで同じなので「スーパー・モノカルチャー」とでも名付けられそうで、これでよいのだろうか、と心配になる。

　自然は冷酷な気まぐれ者、今度は逆に低温のケース。1993年に東北地方を襲った冷害による米不足と外米の味を忘れることはできない。この冷害のため「ササニシキ」という有名な品種が寒さに弱いということで葬られてしまった。仮に、この品種ばかりであったとすると、東北の地はさらに悲劇的なものになったに違いない。

　「こしいぶき」は県作物研究センターで育成され2000年に品種登録されたウルチ米の早生種で、コシヒカリの孫になる。特にコシヒカリ一辺倒によるリスクから逃れるものとして重要な品種に位置づけられ、夏の高温に対する抵抗性も持っているという。コシヒカリの食味

の良さを引き継いでいるが、ややあっさり傾向だ。作付け面積の割合が県内で2位の16.6%（2020年）。全国的にも上位に位置している。

「ゆきん子舞」は県作物研究センターで育成され2004年に品種登録されたウルチ米の早生種で、コシヒカリの孫になる。多肥条件下でも安定した栽培が可能であるという特質を有しているので大豆などの転作跡でも安定した栽培が可能とのこと。大豆の自給率向上のためにも役立ってほしい。食味はやや粘り少なくあっさりしている。県内での作付け割合は3位の4.3%（2020年）。

（3）新之助

「新之助」はコシヒカリに代わるものとして期待されて、県作物研究センターにおいて育成され2017年に品種登録された大粒のウルチ米の晩生種（ばんせいしゅ）で、コシヒカリの遺伝子の4分の1を受け継いでいる。

育成目標を整理してみると、その背景に大きな問題の存在が分かってくる。それは地球温暖化と後継者不足や人口減による担い手不足。これらの問題解決のため、コシヒカリの中生、こしいぶきの早生に対して、晩生種が求められることになる。

新之助は晩生種であることから、収穫直前の高温にさらされることによる食味低下を免れ、コシヒカリに集中した労働力を分散させることで労働力不足の解消に役立つことになる。コシヒカリの持つ優れた食味は維持されているが、その食味傾向はコシヒカリのもっちりやわらかめに対してもっちり硬めであって、これもまた多様化という意味で有意義である。

2023年の酷暑で、県産米は軒並み高温障害による品質低下を免れることができなかった。中でも作付面積が約3分の2を占めるコシヒカリの一等米比率が過去最低になっている。しかし、新之助がほぼ平年並みの値を維持したことは素晴らしいことで、育種の目的の一つである耐高温性が実際に証明されたことになる。だが、作付面積が2.6%（2020年）に過ぎないのが残念だ。

(4) こがねもち

　新潟県農業試験場で育成され1956年に品種登録された「こがねもち」はモチ米の代表的品種。現在でも高品質なものとして広く栽培されているロングセラーで、コシヒカリ並みの長寿だ。

(5) 華麗舞

　国の農研機構・中央農業総合研究センター（上越市）によりインド系品種とアキヒカリとの交配で誕生、2009年に「華麗舞（かれいまい）」と名付けられ登録された細長粒のウルチ米の中生種。表面の粘り少なく内部がやわらかいという特性を有している。ご飯が塊にならず、さらっとしながらもっちりした食感は、とろみのある日本型のカレーソースにマッチしている。華麗はカレーを連想させるが、意識しての命名であろう。ピラフやパエリアにも似合いそうだ。カレー好きの新潟県民へのプレゼントかもしれない。

(6) 米など穀類の消費状況

　参考まで、家計調査にみる新潟市民の主な穀類の消費は金額数量の順序で、米は新潟26,224円と73.76kgでともに2位、全国平均値20,695円と58.28kg、パンは新潟34,151円と42,812gで14位と24

上船倉の棚田（上越市安塚区）

位、全国32,575円と43,532g、麺は新潟22,858円と37,902gで5位と7位、全国20,153円と35,037g。新潟市民の消費は米に加えて麺類が多いのが特徴。「カップ麺」は6,975円と5,446gで4位と3位、全国平均値（5,522円、4,379g）に比べてかなり多い。このカップ麺の消費には新潟に加えて秋田を除く東北勢がトップグループに並んでいる。秋田が少ないのには秋田名物の「稲庭うどん」の影響が考えられる。

こしいぶき

新之助

魚沼コシヒカリ

（7）米の国の先人たち

米の国、新潟を創り上げた数多くの先人たちに感謝を込めて、そのごく一部を紹介する。（敬称略）

◆伊夜日子大神（いやひこのおおかみ）：彌彦神社（やひこじんじゃ）の祭神。神武天皇の命によって派遣され、越後の国に米作り・酒造り・養蚕・漁労・塩作りなどを伝えた。

◆土佐の三助（さんすけ）と能登のお菊：天智天皇（626-672）のころに佐渡に稲作を伝えたという伝説上の人物。小佐渡山地にある男神山・女神山に祭られているという。

◆並河成資（なみかわしげすけ）(1897-1937)：新潟県農事試験場（長岡市）において今日のコシヒカリ・ファミリーの源流である農林1号を育成した。献身的に協力した鉢蝋清香（はちろうせいか）（1902-1942）の名も忘れることができない。

◆佐野藤三郎（さのとうざぶろう）（1923-1994）：一面の湛水田であった亀田郷（かめだごう）の水田の乾田化事業に尽力し、安定した一大米産地を誕生させた。なお、この事業には信濃川の大河津分水（おおこうづぶんすい）(1922年に通水開始）という大前提の存在を忘れることができない。そこには無数ともいえる人々の知と力と汗が結集されている。

無菌包装米飯

　瓶詰めによる保存法が1804年、金属缶によるものが1810年に発明されて以来すでに2世紀をはるかに越えている。現在でも、信頼性が最も高い貯蔵法の地位は揺らぐことがない。私自身、半世紀以上も台所の隅にあった缶詰の離乳食が、すべて記憶どおりの品質を保持していることを実体験し、驚いたことがある。

　しかし、日常的にはほどほどの保存性で十分であって、栄養や風味の点からすると、できるだけマイルドな処理でもって保存可能の状態にするのが望ましい。この条件に近いものとして、「レトルトパウチ食品」があり、それをご飯に応用したのが「レトルト米飯」。しかし炊飯と殺菌の2度の加熱があるため食味が劣るのが致命的な欠点であった。

　その後、無菌環境下での包装技術の進歩を生かして、サトウ食品（新潟市）は多大な試行錯誤を積み重ねたうえ1988年に「無菌包装米飯」を全国に先駆けて製品化した。無菌環境下において一食ずつ炊飯し包装するもので、殺菌のための加熱がなく炊きたてのままであるので食味が飛躍的に向上し、保存も常温で1年間を保証している。現在、年間で4億食を超える生産ラインを有し、まさに日本一。

　県内では無菌包装米飯が佐藤食品を含めて数社でもって生産されているが、その合計も日本一。米の需要が減る中で、無菌包装米飯の需要は増加の一途をたどっている。質を落とすことなく、生活をより能率化することへの貢献が買われているのであろう。

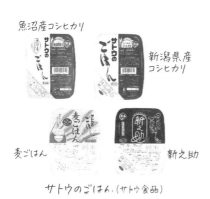

サトウのごはん．(サトウ食品)

米粉・米粉パン・米粉ケーキ・米粉麺

　日本の食料自給率がカロリーベースで38％（2022年）という極めて低い数値は真に恐ろしい。どんなに議論を交わしてみても、国産だけではまったくもって不足だという現実は変わらない。"金"の不足はある程度我慢できても"食"の不足は我慢できるものではない。

　中でも、小麦の自給率が13％（2021年）にすぎないにもかかわらず輸入量は年々増加している。食料自給率向上の一環として、新潟県は小麦粉の10％以上を米粉で置き換える「R10プロジェクト」を立ち上げた。そのプロジェクトを新潟県食品研究センターが開発した「微細粒米粉」が裏付けている。

　ちなみに、新潟県は米粉のパイオニア的生産県であって、全国第1位の約4万t（2021年）、シェアはほぼ40％。

（1）微細粒米粉

　新しい米粉微細粒米粉は酵素処理製粉技術と二段階製粉技術によって調製されるもので、そのサイズは従来の米粉に比べて極めて小さく粒径50ミクロン前後を中心にした20〜80ミクロンで小麦粉と同程度、粒の表面は損傷少なく平滑。これらの点から、新しい米粉はかなり小麦粉に近づいてきたかに見える。

　しかし、小麦粉にはグルテンが含まれている。このグルテンの存在こそが、パン・麺・ケーキなど多彩な食べ物の材料として世界中で愛用されてきたことは周知のこと。その小麦粉の代わりをするには、グルテンを含まない米粉やソバ粉などはどのように対処すればよいのか、多数の人を悩ましてきた今にも続く永遠のテーマである。

（2）米粉パン

　ふっくらと膨れて小さな穴だらけの外観に弾力ある食感と香ばしい香りを持った食べ物、これが大方の日本人の持つパンのイメージに違

米粉100％の米粉パン（タイナイ／胎内市）

パン用米の粉（妙高製粉／妙高市）

米粉のシフォン（TEA CAFE DAKKE／新潟市）

四角のシュークリーム（SWEETS＆CAFE SUNNYDAYS／新潟市）

米粉100％のこめ粉薄力粉タイプ（新潟製粉／胎内市）

いない。このパンを米粉で作ろうとする試みはかなり以前から繰り返されてきたが、すべて完全な失敗に終わっている。

　障壁は大きく二つ。第一は米粉にはグルテンがないこと、第二は小麦粉に匹敵する特性を持つ粉が出来なかったことにある。前者はグルテン添加によりある程度は解決できるかも知れないが、それではグルテンフリーにはならない。後者については微細粒米粉に期待が持てるようになってきた。だが、仮にその微細粒米粉によって粉の問題が解決したとしても、それをパンにまで持って行くのは容易なことではない。次に、発酵や焼成工程の検討が待ち構えているから。

　今のところ、米粉パンは、①小麦粉の一部を置き換える「部分置換米粉パン」②グルテンを利用する小麦粉なしの「グルテン添加米粉パン」③増粘剤などの粘性を利用する小麦粉なしの「増粘米粉パン」④増粘剤なし小麦粉なしの「完全米粉パン」の4種に分類できる。③④はグルテンフリーをうたうことができるが、①②ではそれができない。④はパン作りにとって最難関であって、人々が持っているパンのイメージとは異なる膨れの少ない重々しいものになりがちだ。しかし、イラストにあるようにすでに米粉100％の製品を見受けることができ

る。難しさは並大抵ではなかったはず。深く敬意を払うものである。

　先人の経験通り米粉パンは難しい。思い通りにいかないことがあるかもしれないが、せっかくの新潟県発の微細粒米粉への熱気が冷めるのが怖い。確実に段階を踏んで進めてもらいたいものだ。何しろパンには数千年の歴史があり、小麦粉は驚くほど種類が多く多彩である。

(2) 米粉ケーキ

　小麦粉を米粉でもって置換することは、カステラやシフォンなどのスポンジ類の場合はパンの場合よりもかなり楽になるはず。ケーキの場合は材料の種類が多くなり小麦粉の持ち分が減るので、影響が少なくなる。県内では、ケーキに米粉の使用をうたっているものが多くなってきているが、さらに増えることが期待される。

(3) 米粉麺

　東南アジアにはビーフンやフォーなどの米を原料とする麺があるのに日本には無かった。問題はデンプンのアミロース含量にあって、低アミロースの日本産米の米粉では粘りすぎて麺線がうまくできない。対策は高アミロース米の育成であり、現にアミロース含量33％の「越のかおり」(農研機構・北陸センター)や28％「こしのめんじまん」(新潟県・作物研究センター)が生まれている。参考までコシヒカリのアミロース含量は約18％。

　麺に適した高アミロース米が微細製粉技術によって麺用微細粒米粉となって、うどん・そうめん・ラーメン・パスタなどに供され始めている。つるつるしこしこという食感を持ち味にして、県内でこの米粉麺を提供するレストランが誕生している。

　最後に、米粉の利用には技術的な問題の他に、高価という大きな問題がある。この問題には食料自給率向上のために消費者を含め日本人すべてが理解し協力していく必要があると思う。そして、「米粉こなもん(略して、米こなもん)食文化」が日本の食文化の特徴の一つだ、と世界的に認知されるところまで持っていきたいものと願っている。

けんさん焼き

　伝統料理には変わった名前が多い。その名前の言われが分からない上に、それ自身が微妙に変化している場合が少なくない。「けんさん焼き」「けんしん焼き」「けんさ焼き」「けんさき焼き」などがそのよい例となる。

　上杉謙信の軍隊の兵士たちが冷えたにぎり飯を剣に刺して焼いて食べたことによるというのがけんさき焼きで、話題性もあり、なかなか面白い。しかし、あの真面目そうに見える謙信が大事な武器をそんな風に使うことを許すとは、とても考えられないような気もする。

　けんさん焼きは、両面を焼いたおにぎりに、ショウガみそを塗ってから再び軽く焼くと出来上がる。そのままでもよいが、熱々のお茶漬けにすると立ち上るみそとショウガの香りによって、さらに趣が出てくる。長岡市川口でお聞きしたことであるが、人寄せの時はもちろん、日常でも食欲のないときや風邪を引いた人に作ってあげるとショウガみそが体によく効くので大変喜ばれるとのことだ。

　けんさん焼きは越後全体に広く伝承されているもので、新潟の米の旨さをシンプルにそしてストレートに実現してくれる優れもの。酒宴のしめや定食メニューに積極的に取り上げたいものだと思う。

　最後に記すのは、和島夢来考房（わしまむらこうぼう）（長岡市和島）が作っている「けんさ焼おこげ煎餅」。地元産ブランド米新之助の米飯を円盤状に押し固めて揚げ、けんさん焼きの風味を付けている。なかなかのアイデアだと思う。

春　夏　秋　冬

お茶漬けにしても
けんさん焼き

けんさ焼おこげ煎餅

あんぼ・おやき

　農水省のウェブサイト「うちの郷土料理」は国内各地の郷土料理を取り上げるシリーズであって、なかなか参考になる。新潟県の「あんぼ」については、"練ってつくった皮にあんや野菜などでつくった具を包んで蒸したお饅頭のようなもので、新潟県及び長野県北部に伝わる郷土料理。地域によって「あんぶ」と呼ぶところがある。あんぼは一見、長野県の「おやき」に似ているが、大きく異なるのは皮が小麦粉ではなく米粉を使用していることだ。……"とある。

　約半世紀も前、新潟県下のあんぼについて調査したことがあり、越後側で広く認められるが佐渡にはないこと、いろいろの呼び名があること、皮は屑米の粉で作られるもので、ハレの日のごちそうではなく主に子どものおやつ、間食、上米の食い延ばし用の主食になることを知ることができた。皮にヨモギやオヤマボクチを入れたものもあった。

　呼び名としては、「おやき」に「焼きもち」「焼くもち」「あんぶ」「あんぼ」「ちゃまえ」などがあり、さらに囲炉裏で焼く場合が多いためか「ふーふーばたばた」や「ふーふーぽんぽん」などの呼び方があるのが微笑ましかった。あんぼという名のいわれを知る人には会うことができなかった。

　中に入れる具は、塩味の小豆あん・きんぴら・せん切り大根・ヒジキ・大根菜、たい菜、野沢菜などの漬け菜・漁村に多いほぐした塩魚など多種多様であったが、おかずになるものが多いのは主

切干大根　　大根菜　　きのこ

あんこ　　かぐら南蛮

おやき (にとう／南魚沼市)

食がわりとなることが多いためであろう。

ところで、信州・小川村（おがわ）の「縄文お焼き」の冷凍物を頂くことがある。村長？の挨拶状が同梱されていて、それを読むだけでも楽しい。

種類が以前よりかなり多くなって、皮は小麦粉とソバ粉入りの２種類、具は年間通してあるのが小豆あん・カボチャ・野沢菜漬など12種類、季節ものが行者にんにく・ナス・ふきみそなど６種類。これだけの種類のいずれもかなりのレベルが維持されているのに感心する。

一方、新潟県のあんぼは皮が小麦粉から米粉に代わっただけで、他はほとんど同じであり、焼くもちなどの別名も信州のお焼きと同じ系統だ。この似たもの同士が、一方は信州の代表的な土産の一つになり、他方は広がり少なく、ぱっとしないのが真に不思議なことに思う。

今までの経緯から、新潟のあんぼについて次の３点が考えられる。①上米の食い延ばしのためであったので、低品質の屑米が原料であったこと。②貧しい食べ物だと考え販売などは考慮外であったこと。③売り物になる可能性を信州人が先に気付いたこと。

しかし、今や新潟のあんぼも負けてはいない。屑米を上米に換え、それもコシヒカリで、新技術で生まれた微細粒米粉の利用を武器にして新あんぼが生まれ始めている。例えば、東頸城（ひがしくびき）ではナスみそ・クルミみそ・野沢菜漬・切干大根の煮物・粒あん入りなどを、南魚沼（みなみうおぬま）ではその他に大根菜漬・きのこ入り・かぐら南蛮入りなどを見出すことができる。中の具がにぎやかになってきたのが喜ばしい。

野沢菜

切干大根

ナス

あずき

きんぴら

ふきみそ

信州小川村のお焼き

しょうゆおこわ・おこわ団子・いが栗団子

　モチ米を蒸したご飯が「強飯(こわめし)」または「おこわ」と呼ばれ、主にお祝いごとのあるハレの日に作られる。そして、一般にモチ米と小豆で作る赤い色の"お強"が「赤飯」だとされている。

しょうゆおこわ

おこわ団子

いが栗団子

　しょうゆを入れる「しょうゆおこわ」は長岡市など中越の平場を中心にしてよく作られている。豆はササゲに変わり、ササゲの方が割れにくいので小豆より良いのだと言われている。しょうゆが入るので淡い褐色であり、当然のことながら風味もかなり変わってきて、しょうゆの香ばしい匂いがする。赤飯よりも、こちらの方を好む人も少なくない。中越地方ではなかなか根強い人気があるようだが、近頃は下越地方でも販売されているのを見かけるようになった。

　中越、下越の平場には「おこわ団子」と呼ばれる菓子が伝承されている。小さなあん入り米粉団子をおこわが包んでいるもので、芯の方から、あん・あんを包む米粉の皮・おこわの三重構造になっている。真に、米どころの新潟らしい食べ物の一つ、何しろ米が米を包んでいるのだから。

　さらに、おこわ団子の伝統を生かして、あん入り蓬(よもぎ)団子をしょうゆ栗おこわで包んだお菓子が「いが栗団子」の名でもって、地元の西山製菓（長岡市寺泊(てらどまり)）から売り出されている。甘くてしょっぱくて、なかなか複雑な味わいでおいしい。

いも ──ヤマノイモ・サトイモ・ジャガイモ・サツマイモ──

　日本原産で山で採れるので「ヤマノイモ（山芋）」、縄文時代に渡来し里の畑で栽培されているので「サトイモ（里芋）」、16世紀末にジャカルタあたりから南蛮船に乗ってやって来たので「ジャガタライモ」から「ジャガイモ」に、17世紀に琉球から薩摩に伝わって「サツマイモ」。このように、いもの伝来の方角と日本人との関わり合いの時間はかなり異なっている。

　野生のヤマノイモとその「むかご」は極めて重要なでんぷん質のエネルギー源であったはずだが、自然採取時代にさかのぼる大昔のことで日本人との関わり合いの時間は知るよしもないほど長い。

　次に伝来したサトイモは、日本の風土に適応して広く各地で栽培されるようになり、かなり長い期間、日本人の食生活に欠かせない主役のいもであった。

　しかし、主役の座は次第に、次に到来したサツマイモとジャガイモに奪われてしまって、今日ではジャガイモがトップの座を占めている。参考まで、現在の4者の日本における生産量の割合は、ヤマノイモ類5.6％、サトイモ4.5％、さつまいも21.2％、ジャガイモ68.7％（2021年）であり、サトイモの凋落が著しい。

(1) ヤマノイモ

　仲間に「ジネンジョ（自然薯）」「ナガイモ」「ヤマトイモ」などがある。そのうち、ジネンジョはその名の通り自然にあるものを採るのが当たり前であったが、技術の進歩により頸城・魚沼・東蒲原などの中山間地で栽培されるようになった。

　ヤマノイモ類のでんぷんは生でも消化される上、いも自身にその消化酵素を含むので生食可能であるのが珍しい。生のままでとろろ・千切り・サラダになり、煮崩れしにくいので煮物や揚げ物などの料理に

使われる。また、蕎麦切り・蒲鉾の一種の真薯・薯蕷饅頭などの製造に不可欠だ。

　新潟県のヤマノイモの生産量は1,000tで10位。家計調査では、他の根菜に一括されているので消費状況は明らかではない。

(2)サトイモ

　サトイモは長い歴史の時間経過のうちにさまざまな種類と別名が生まれており、中でも石川県の「からかさいも」は傑作だと思う。新潟県内では特に変わった別名は見当たらない。

　本来、水気を好む作物であるので、夏季高温で水気の多い新潟県の風土が合っており、特に、五泉市の阿賀野川に支流早出川が出会うあたりがサトイモ栽培に適し、県下の総出荷量の半分を占め、優良品は帛乙女と名付けられている。新潟県での生産額は7,600tの全国7位は多いほうになる。

　煮崩れしないので主にいろいろの煮物にされる。なお、サトイモを入れて搗いた餅で作ったあられは極めて膨れが良くておいしいという。近年、五泉ではその粘性を利用して蕎麦のつなぎにも用いられている。ぬめり成分はガラクタンなどの多糖類で、そのぬめりを上手く利用して「のっぺ」になる。赤色をした葉柄は「ずいき」と呼ばれ、干しずいきを市場で時々見かける。戻してから酢のものにすると赤色が映えて美しい。

　新潟市民のサトイモの消費は金額数量で3位と2位であって、かなり多い。ちなみに、1位は金額数量ともに山形市。山形は「芋こ煮」でもって、新潟はのっぺでもって多量に

ジネンジョ（自然薯）
（魚沼市）

帛乙女
（五泉市）

消費しているのであろうか。なお、サトイモは熱帯産のせいもあって、寒さに弱く、5℃以下では低温障害によって食べられなくなる。

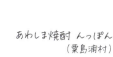
シルクスイートの焼き芋

あわしま焼酎 んっぽん
（粟島浦村）

(3) ジャガイモ

　栄養的にも優れ保存性も良く、全体としてくせのない性質が買われていも類の中で最もポピュラーなものとなっている。かつては寒い地方の作物であったが、今日では全国的に栽培されている。新潟県での生産量は、近年の農水省データには数値の記載がないので非常に少ないのであろう。逆に、新潟市民の消費はかなり多くて、金額数量で3,663円の1位、11,168gの2位。全国平均2,776円と8,470g円に比べてもかなり高い値だが、どんな料理になっているのであろうか。

　なお、粟島の特産ジャガイモを原料にした芋焼酎「んっぽん」が話題を呼んでいる。んっぽんとは粟島方言でお母さんのことで、発音が面白い。

(4) サツマイモ

　焼酎・アルコール・でんぷんなど加工用が多いのが特徴であるが、近年、甘味が強い「シルクスイート」などの品種がクローズアップされ、ブランド化で話題を提供しながらその用途を拡げており、特にケーキ類への利用が目に付く。県内の主なブランドとして新潟市西区の「いもジェンヌ」、北区の「しるきーも」、三条市下田地区の「越紅」が有名だが、新潟県全体でのサツマイモの生産は盛んとはいえない。

　家計調査にみると新潟市民の消費は金額数量で15位と4位であって、多い方である。ちなみに金額数量ともに1位が徳島市であるのは、伝統の品種「なると金時」の影響であろう。

米菓 —— 柿の種・あられ・おかき・せんべい ——

　米菓の起源を考えてみると、日本人にとって何よりも貴重な米飯や餅を何らかの形で保存したいものだと願ったとき、そのときに米菓への流れが生まれたと考えられる。この米菓を製造する産業が新潟では殊の外盛んである。

（1）新潟の米菓産業

　近年の統計値（2019年）によると、米菓全体の全国生産額は3,844億円、その56.5%の2,173億円が新潟県であって、2位の埼玉県の約200億円を大きくリードしている。メーカーでは日本一の亀田製菓（新潟市）の他に岩塚製菓（長岡市）や栗山米菓（新潟市）などがトップクラスの上位を占めている。どうしてこんなに盛んになったのか不思議に思うことがある。

　米菓は、モチ米をいったん餅に搗いてから作り上げる「おかき」とウルチ米粉を水と練ってから作り上げる「せんべい」の2グループに大別される。これらの米菓を家庭や店頭で手作りする時代が長く続いてきた。今日でも、餅を搗く機会に合わせて、おかきやあられも手作りする家庭が多少は残っているが、それだけを目的にする家庭はほとんどないに違いない。デモンストレーションは別にして、店頭で焼きながら売るという店も見かけなくなった。

　この手作りから近代産業への移行の過程において、新潟県の米菓業界は、県の試験研究機関の指導を受けながら、製品の開発・技術の理論化・機械化・量産化などについて研さんし努力してきた。このことが今日の隆盛につながっている。

（2）柿の種の誕生

　新潟県には「平核無」という名の種子がない新潟県原産の柿が栽培されており、今でもその原木を新潟市秋葉区に見ることができる。と

ところで、柿の種そっくりの米菓「柿の種」の原産地もまた新潟県であることをご存知だろうか。カキの種子を知らない県民のために神様が柿の種という菓子を教えて下さったのではな

元祖柿の種
(浪花屋製菓／長岡市)

かきたね
(阿部幸製菓／小千谷市)

亀田の柿の種
(亀田製菓／新潟市)

柿の種いろいろ

いか、と思うことがある。これだけ有名な菓子の考案者が分かるということは希有なことであるが、その方は浪花屋製菓（長岡市）の創業者・今井與三郎氏。小判形の抜き型が踏まれて変形したのをそのまま使ったので柿の種形のあられが出来てしまった、というエピソードがしばしばマスコミに紹介されている。柿の種の発売開始は1924（大正13）年、ちょうど1世紀前のことになる。

(3) あられ・おかき・せんべい

　数多くのメーカーが競い合って出来た製品の中から特徴あるもの、興味をそそるもの、話題性あるものを探ってみた。

　柿の種では、亀田製菓のピーナッツ入り「亀田の柿の種」は大変有名だが、両者のバランスが絶妙であり、その比率の決定に消費者にアンケートを取っているという。竹内製菓（小千谷市）の「えび辛大柿」は旨味に加えて強烈な辛みがきつい。阿部幸製菓（小千谷市）の「柿の種のオイル漬け」には驚くばかり、開発者の鋭い感性に敬意を表したい。

　おかきの王道を行くのが山文（魚沼市）の「仁王」ではなかろうか。その風味が魅力的だ。新潟味のれん本舗（長岡市）の「マカダミアナッツおかき」には何となく新時代の息吹を感ずる。概して、ナッツ類は米菓との相性が良い。

　感覚的にかなり遠く感ずる素材の組み合わせがある。例えば、さく

仁王
（山文）

サラダホープ
（亀田製菓）

カマンベールチーズおかき
（さくら堂）

ら堂（新発田市）の「カマンベールチーズおかき」、ブルボン（柏崎市）の「チーズおかき」、加藤製菓（長岡市）の「マヨネーズおかき」、これらいずれも違和感がなくうまく取り込んでいるな、と感ずる。栗山米菓の「ばかうけ」は練り込まれた青のりとたれのしょうゆ味がマッチしていておいしい。竹内製菓の「カレーおかき」はカレー好きの新潟県民にアピールするであろう。加藤製菓の「ガーリックもち」の包装には、食べるタイミングにご注意ください、とあり行き届いた心遣いだ。

　雪国あられ（新潟市）の「雪国あられ」は煎り豆・あられ・焼き昆布が仲良く同居していて味わい深い。亀田製菓のおかき「サラダホープ」は新潟県限定でありながら1961（昭和36）年発売開始という超ロングセラー。それを陰ながら支えているのはサラダ油にあるような気がする。

　せんべいでは、亀田製菓の「ぽたぽた焼」は飽きがこないもので繰り返し食べたくなる。岩塚製菓の「黒豆せんべい」はリッチに入っている黒豆が香ばしい。山文の「真髄」は懐かしいお焦げの香りがする。

（4）新たなる挑戦

　人それぞれについて栄養素の摂取には適量があり、それに応じて食べ物の摂取量にも適量があり限界がある。当然、個人の集合体である社会における食べ物の需要にも必ず限界があり頭打ちが生じ、何かが増えれば必ずそれに応じて何かが減ることでバランスが取れている。

これこそ食に関する産業の宿命だと思う。特に飛躍的に伸びてきて頭打ちに近い新潟県の米菓業界にとって対処すべき大きなテーマである。人口減に伴う需要の絶対減という影もちらついている。

「RISOUNO!」シリーズ　「米技心」シリーズ

岩塚製菓（長岡市）

　このことについてトップメーカーの動きが注目される。二つの方向、簡潔に表現して「米菓プラス」と「米菓内置換」とでもいうべき方向が考えられる。今日までの動きからみて、前者は亀田製菓の行かんとするもので、"あられ、おせんべいの製菓業から Better For You の食品業へ" とうたっている方向である。例えば米粉パンの開発などが分かりやすい例であって、米菓から外の世界へと大きく一歩踏み出すものだ。

　これに対して、岩塚製菓が名店シェフ監修により開発したイタリア料理のような味わいの米菓「RISOUNO（リゾーノ）！」シリーズと和の味わいを米菓にした「米技心」シリーズが、後者の好例となる。この場合は、あくまでも米菓の範疇にあって、その内容を置換しながら拡大していく方向になる。

（5）新潟せんべい王国

　栗山米菓が経営する「新潟せんべい王国」（新潟市北区）は、近年急速に増えてきた業種別テーマパークの先駆となるもので、創立が2002年、すでに20年余を経過している。その先見性に敬意を払うものである。

　製造工程の見学や資料などで米菓の知識を学ぶことができるが、なかでも米菓の生地にしょうゆで絵や字を書き、炙ることで浮かんでくる絵描きを楽しんだり、味付けしたりしながら焼きたてのせんべいを味わう体験コースに人気があるという。

きのこ ── しいたけ・ぶなしめじ・えのきたけ・なめこ・まいたけ・エリンギ・きくらげ ──

一度、体内に入れたものを体外に戻すのは極めて難しい。大げさに言えば、食べることには一種の賭けが伴っており、大昔の先人たちは情報の蓄積がほとんど無いままに賭けをしながら試行錯誤的に食べ物を摂取していたはずだ。

しいたけ
ぶなしめじ

例年秋になると、自然採取の毒きのこ中毒のニュースが繰り返される。一方、スーパーなどで年間を通して安価な栽培ものが豊富に売られているという現実がある。自然との隔たりが大きくなっている大方の現代人にとって、特にきのこについては栽培物を食するのが現実的な生き方だと思う。

(1) しいたけ

しいたけは、日本人にとって最も縁が深く、今でも、きのこらしい整った形と独特の食感と旨味が尊重されている。薄暗い林の中の原木栽培というイメージが残っているが、現在では屋内での菌床栽培に大きく移行している。新潟市民の消費は金額数量で生が2,110円と1,738gで11位と10位、干したのが593円と70g(生に換算して約490g)でともに4位。生の方が好まれていることになる。

(2) ぶなしめじ

なぜか"しめじ"と名付けられているきのこはかなりある。現在、栽培され市販されているのはこの「ぶなしめじ」であって、一般には「しめじ」で通っている。歯切れよく風味に癖がないので、和洋中の料理に広く用いられる。新潟市民の消費は、しめじとして金額2,137円、数量3,196gで2位と6位。

(3) えのきたけ

加熱で生成する特有のぬめりを利用して和え物などにする。えのきたけの瓶詰が、なぜか「なめ茸」などという混乱を招く名前でもって販売されている。新潟市民の消費は、金額1,725円、数量3,763gで1位と2位。

(4) なめこ

誰でもすぐ違いが分かる愛らしい形とぬめりが買われて需要が多い。みそ汁やおろし和えによく合う。家計調査の消費データはない。

(5) まいたけ

香味に優れ、加熱しても歯切れが悪くならないので炒め物、天ぷら、煮物などに広く用いられている。まいたけに専念する企業として雪国まいたけ（南魚沼市）がある。消費データはない。

(6) エリンギ

エリンギは、意表をつく形状と外国語由来のカタカナ名が珍しい。歯応えよく、煮崩れしにくいこと、香味にくせがないことなどから和洋中の料理に広く用いられている。消費データはない。

(7) きくらげ

コリコリした独特の食感が特徴であって、上越地方のきくらげ入り蒲鉾はソフトな蒲鉾ときくらげの食感との対比が魅力的だ。消費データはない。

ところで、新潟県内には多数のきのこ栽培企業があり、その総生産量は全国2位（2021年）で1位の長野県に次いでいる。生産量をきのこの種類別にみると、全国1位はまいたけとひらたけ、2位はなめこ・えのきたけ・ぶなしめじ・エリンギ。

かきのもと・もってのほか・おもいのほか・エディブルフラワー

　人々は、かなり昔からブロッコリー・カリフラワー・菜花などの野菜を食べてきたはずだが、花や花蕾を食べているという意識はほとんどなかったのではなかろうか。これらの花は確かにつつましくて目立たない。

　近年、一つのトレンドとして「エディブルフラワー（食用花）」が話題に上がるようになっている。県内では阿賀野市の脇坂園芸で各種の食用花が栽培され出荷されており、ナスタチューム（きんれんか）・マリーゴールド・ベゴニア・ペンタスなどがお薦めだという。いずれも美しい花だ。

　日本で花を食べる食文化の対象となっている花の代表はやはり「食用菊」に違いない。美しい菊の花を食べるという食文化は雅でないと言う人もいるが。料理に添える「つま菊」は別にして、菊を食べる習慣は主に東北地方と新潟県に分布している。この食習慣が西日本にないことは、西日本の食文化圏に属している佐渡に食べる伝統がないことからも知ることができる。

　食用菊の花弁の色はさまざまであるが、黄菊では青森県の「阿房宮」と紫紅色の新潟・山形両県に多い「延命楽」などが主な系統である。

　延命楽は「かきのもと」「もってのほか」「おもいのほか」などの名前でもって新潟県内で栽培されている。その名前について、下越では100％がかきのもと、中越ではおもいのほかが優勢であるが、も

かきのもと

りゅうのひげ

ってのほかも少なくない。上越では菊の食用は少ないながら名前としてはかきのもとが優勢だ。

栽培は主に中・下越地方で行われおり、特に新潟市南区が盛んであって県内生産の約80%を占めている。収穫は8月下旬から秋いっぱい。

かきのもと畑（新潟市南区白根地区）

主におひたしや酢のものとなって秋の食卓を鮮やかに彩ってくれる。伝承の料理としては「かきあえなます」がお節料理や法事に用いられており、農水省:『うちの郷土料理』には、その作り方として、"さっとゆがいたかきのもとに、くるみやれんこんなどの野菜を彩りよく混ぜて酢で和える。かきあえなますの「かき」はかきのもとのことをいい……"と紹介されている。

県内では、かきのもとなどの紫紅色の菊の他に、各地に伝承されているものの再認識や地域活性化への応用が検討されている。新発田市二ツ山地区で栽培されてきた淡紅色の「一重菊花嫁」、新潟市西蒲区伝承の黄菊「りゅうのひげ」などがその例となる。ともに、花としても美しい。りゅうのひげは米百俵の故事で有名な三根山藩の殿様が好んだと言い伝えられている。

ちなみに、新潟県の食用菊生産量は46tで全国5位（2020年）。1位は愛知県であるが、大部分を料理の"つま"となる黄色の小菊が占めている。家計調査には、食用菊は「他の野菜のその他」にあって独立の項目ではない。

かきあえなます

北と南のはざま・リンゴ・柿・イチジク・ミカン

（1）北と南のはざま新潟県 —— 北緯37度30分

　　北緯37度30分は本州島・最北端の青森県大間岬と最南端の和歌山県潮岬との両者中間の緯度であって、その緯線は見附市を通過している。

　　この値は新潟県が本州島の南北の中央に位置することを示しているが、このことを聞いた大方の人は、それは初耳だと驚き、新潟県はもっと北だと思っていたと言う。この北緯の値は、日本における新潟県の位置関係や風土の条件、特に気温について検討する時の参考になるものだと思う。この項では、新潟県の風土を考慮しながら下記4種の果物を取り上げた。

（2）リンゴ

　　原産地は西アジアの寒冷地コーカサスであって、新潟県は平場でのリンゴ栽培の経済的南限に位置している。

　　新潟県のリンゴの生産は農水省統計によると586tで18位（2020年）であって多い方とはいえないが、下越と佐渡が主な産地となっている。特筆すべきは佐渡で歴史もあり、現在では「サン津軽」や「サンふじ」など約20品種が栽培されている。収穫期に極端に寒くならないという海洋性気候の島の利点を生かして、完熟してから出荷できるので品質が優れており、島外からの注文も多いという。

　　新潟市民の消費は金額数量でともに8位、全国平均よりかなり多い方になる。

（3）柿

　　柿の原産地は日本列島を含む東アジア。渋柿と甘柿に大別され、甘柿は温暖な風土を好むので南西日本での栽培が盛んであり、渋柿は甘柿よりは寒さに強くその栽培は東北地方にまで及んでいる。新潟県は

渋柿の栽培適地に属している。

渋柿の「平核無（ひらたねなし）」は、その枝変わり品種「刀根早生（とねわせ）」を含めて渋柿の代表品種として全国の渋柿栽培面積の3分の2を占め、本県の他に和歌山県と山形県で大々的に栽培されている。

春　夏

秋

冬

N

北海道

日本海

親潮

41度32分 大間崎

東北

新潟県

N 37度30分

北陸

関東

新潟県は本州島の南北の中央に位置する

山陰

近畿

東京

対馬海流

東海

九州

四国

33度27分 潮岬

太平洋

黒潮

南西諸島

―――：中央分水界（嶺）

━━━：フォッサマグナ（糸魚川－静岡構造線）

北緯37度30分ライン

　この平核無柿は新潟県原産であって、その原木が新潟市秋葉区（あきは）で今なお元気よく聳えている。種無しの珍しさに由来する「八珍柿（はっちんがき）」や主産地佐渡にちなむ「おけさ柿」の別名がある。佐渡は一大産地で、中でも南佐渡の旧羽茂町産（はもち）の⑬（まるは）おけさ柿は全国ブランドもの。新潟市西蒲区（にしかん）は県内第2の産地であって、「越王おけさ柿（こしおう）」と名乗っている。

　この平核無には楽しい話題がある。実の直径が3～4cmというミニサイズの枝変わりが佐渡の赤泊地区（あかどまり）で発見され、「突核無（つきたねなし）」、通称「さど乙女」の名前で苗木が全国的に販売されている。渋抜きした実は皮ごと一口に食べても種無しで極めて甘くておいしいという。鑑賞と実用を兼ねた果樹として大いに期待できそうだ。

　渋抜きをした平核無は、果物としては珍しく酸味を感じないため甘味は雑味がなくすっきりとして上品であり、その上とろけるような食感に種無しの食べやすさとが相まって多くの人をとりこにしている。干し柿は種無しで食べやすいのがうれしい。実のビタミンCはミカ

平核無柿　　さど乙女

ン類に匹敵するほどであるが、若葉にも殊の外多く含まれている。この若葉から佐渡島内で柿茶が作られている。

　県内の柿の生産は8,030tで全国8位（2021年）。生産がかなり多いのに対して、新潟市民の消費は金額数量で41位と38位。いったい、何処へ行ったのであろうかと思う。

　話が脇道にそれるが、過疎化などにより放置されている果樹の実、特に柿の実がクマなどの野生動物を養う食べ物になり、ひいてはさまざまの獣害を引き起こす要因となっている。佐渡では、こうした心配なしに果物を栽培できるのは何よりの幸せのことだと思う。この島には少なくとも野生のクマ・イノシシ・シカ・サルはいない。まさに、官民こぞって大切にしていきたいことに違いない。伊豆大島の動物園から逃げ出したキョンなる鹿の一種は、捕獲が間に合わないほどの数の害獣になっているという。その轍を踏みたくないものだ。

(4) イチジク

　イチジクの原産地は西アジアであって比較的温暖で湿潤の気候を好み、日本では東北南部以南で栽培されている。かつてはさほど重要な果物ではなかったが、近年、休耕田の再利用や稲作からの転作などで生産が増加しているという。

　新発田市五十公野や上越市大潟では、「日本イチジク（蓬莱柿）」が100年以上前から栽培され今に継承されている。新発田や大潟の実績は、新潟県がイチジクの北限に近いものの栽培上問題がないことを教えてくれている。

　新潟市西蒲区では水田から転換した畑地において「桝井ドーフィン」

種が「越の雫」のブランド名で生産されており、朝採りと都市近郊という地の利を生かして県内最大の産地になっている。

佐渡市小木で栽培されているのは黒いダイヤと呼ばれている西洋イチジク「ビオレ・ソリエス」。外観は黒に近く、高い糖度と滑らかな食感と品種の希少性を生かして高価に取引されているという。

新潟県のイチジク生産量は217tで10位（2020年）とまだまだ少ないが、さらに増えることであろう。家計調査にはイチジクの単独データはなく、その他の果物に入っている。

(5) ミカン

温州ミカンの原産地は南九州であって温暖な風土を好む。世界で栽培されている柑橘類の仲間はまさに多種多様であるが、日本では、栽培・消費ともに「温州ミカン」が圧倒している。

新潟県内では、この温州ミカンが羽茂・小木で栽培されて「佐渡みかん」の名で市販されている。この地域は背後に山を控えながら暖流が流れる海に南面するという県内では珍しい地勢に加えて積雪がわずかという温暖な土地である。食べてみると、ほどよい酸味と甘味のバランスがとれていておいしい。生産額は20tくらいであって、まだまだ少ない。茶と同様、新潟県をぎりぎりの北限とする作物の一つであって、北限のミカンとされている。

新潟市民のミカンの消費は金額数量で2位と6位であって全国平均値よりもかなり多い。オレンジは12位と17位であってこれも多い方だ。

和梨・洋梨・桃

米の新潟、思いの外果物も豊かである。

新潟平野を流れる信濃川と阿賀野川などの大河川が造り出した自然堤防と日本海岸に広がる砂丘地帯の上は日当たりが良く、晴天の多い時期に実の熟期を迎える果樹や果菜の栽培に適している。そこには、水気の多い新潟平野とは対照的な景観を見いだすことができる。

新潟の和梨には歴史があり、江戸時代からかなり有名で将軍への献上物になったという。今日、栽培されている主な品種は出荷順に8月の「幸水」、9月は「二十世紀」「新美月」「新王」、10月の「新高」、11月の「新興」。これらのうち"新"が付くのはすべて新潟に縁がある。

新興はやや古い品種であるが、貯蔵性が高く正月になっても賞味できるのがうれしい。新高は新潟の在来種「天の川」と神奈川県の在来種「長十郎」の子どもであって大形で恰幅がよくてジューシー、豊かな香りが特徴で贈答用に向く。希少品種として有名な「大天梨」はこの新高の子どもにあたる。新王と新美月は新潟オリジナルの品種として期待されて県園芸研究センターによって育成、2013年に品種登録された赤ナシの新顔。新王は甘くてシャリ感が強く食べ応えがあり、新美月は甘くて爽やかな酸味が特徴。ともに、今後の新潟の和梨をリードしていくことであろう。

洋梨の「ルレクチ

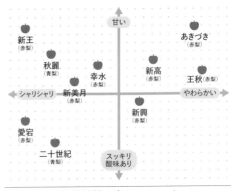

品種別梨の味わいチャート
(参考) 新潟県の魅力発信ポータルサイト「新潟のつかいかた」

エ」の歴史は1903（明治36）年に新潟市南区白根の小池左右吉氏がフランスに求めた苗木に始まる。同じころに導入された「ラ フランス」が洋梨の代表となったのに対して、幻の洋梨と呼ばれてきた最大の理由は栽培の難しさにあった。しかし、新潟県人の粘り強さと蓄積されていた和梨の技術が、それを克服した。甘味と優れた甘酸のバランス、とろけるような食感、豊かな香気、熟期の確認などで優れている。何しろ姿形が良い、まさに新潟美人である。収穫は10月中旬ごろで、約40日間の追熟を経て出荷される。難しいと言われている熟期判定について、行き届いた配慮がなされている。

白根白桃

ル レクチエ

　モモ（桃）の栽培は古く、江戸時代に始まる。現在の主要産地は新潟市南区・三条市・加茂市に集中し、それに刈羽村の砂丘地が加わる。主要品種は出荷順に7月の「白鳳」、8月の「日の出」、9月の「白根白桃」などで、「砂丘桃」は7〜8月が旬となる。桃は外見通りやわらかく傷みやすいので、おのずから産地消費が多くなる。こうしたみずみずしい果物を産地近くで味わえる幸せをいっぱい享受したいものだ。

　なお、新潟県の生産量は和梨9,360tで7位（2022年）、洋梨は2,140tで2位（2019年）、桃1,900tで7位（2022年）。なかでも、洋梨の2位は2004年以来途絶えることなく維持している。

　新潟市民の梨（洋梨を含む）の消費は金額数量ともに7位であって、全国平均の約1.5倍、桃は金額数量ともに7位、こちらも平均をかなりオーバーしている。いずれも、おいしい産品が身近に得られるのでおのずと消費も多くなっている。

春
夏
秋
冬

非常食・災害食・ローリングストック

　簡潔に表現すると、食とは「人の健康とその維持のためのものとしての食べ物、および、それを繰り返し摂取するための行事としての食事」、この両者を意味している。日々繰り返す当たり前のことなので、わざわざ「私は今日『日常食』を食べました」などとは言わない。特別の用向きの場合にのみ「非常食」「災害食*9」「治療食」「介護食」などの言葉でもって、日常と異常の食を区別している。

　現今の地球環境は必ずしも好ましいものではなく、日常食ではない特別用途の食の需要が今後増えていくのは、残念ながら必至のことと思われる。地震などの最悪の事態が発生したときに、最初の出番は「非常食」として自治体などが大量備蓄しておいた乾パンやα米などになる。ヒトはただ生きていくだけでも常にエネルギーの補給が必要で、その不足のサインが空腹感。そのためこの非常食はエネルギー補給という意味で重要な役割を果たしているが、それだけではとうてい食事になるものではなく、あくまでも一時しのぎに過ぎない。

　それから一歩進んで、可能の限り平常に近く長続きする食として用意されるのが「災害食」で、それにはさまざまの知恵と工夫が込められている。この災害食、治療食、介護食などの特別食が新潟県内で生産されているのをご存じであろうか。例えば、ホリカフーズ（魚沼市）は長年の自衛隊納入の実績を踏まえて各種の特別食を製造してきた。特に、災害食については他に先駆けて「レスキューフーズ」の名でもって開発しており、その中には水なし・火なし・食器なしなどの悪条件下で

レスキューフーズ（ホリカフーズ）
災害食

も温かく食べることができるものまである。

しかし、各家庭で非常食や災害食の備蓄が必要なことは分かっていても長続きが難しい。多くの場合、その存在を忘れて、結局廃棄されているのが現実ではなかろうか。いわゆるフードロスになる。

ローリングストックのイメージ図
（日本気象協会「tenki.jp」より）

こうした実態を踏まえて、「ローリングストック」という考え方が2019年に農水省から提案された。それは、普段から少しずつ多めに食材・加工食品・備蓄水・カセットボンベなどを買い置きしておき、使った分だけを買い足す、これを繰り返す、すなわち回転しながら（rolling）備蓄（stock）するということである。無理をしないで継続でき、ロスがなく経済的にも真に優れたアイデアだと思う。

ところで、半世紀以上も昔の話、中越地方の醸造会社の方から「我々は冬の前になると大忙しなんです。何しろ雪で道がなくなってしまうので、一冬と正月の酒やしょうゆなどを山の方の店に前もって届けておくのです。何しろ瓶は重いし壊れるし、雪道は無理なんです。そして、瓶は春になって回収します」と聞かされたことがある。消費者もまた、冬を迎えるにあたって一冬分の野菜を購入して雪囲いで貯蔵することが、雪国に住む人たちが繰り返す大事な行事の一つになっていた。今日でも実行している賢い人が少なくない。

降雪によって流通という重要なライフラインにトラブルが発生する。それを避けるため、雪国に住む先人たちは既にローリングストックを実践していたのだ。

酒 ── 清酒・ワイン・ビール・焼酎・ウイスキー・ジン・先人たち ──

　新潟県では、何かと酒についての話題が多い。例えば、酒蔵数が日本一、清酒の消費が全国1位か2位、ワイン用ブドウのマスカット・ベーリーAの育成地、地ビール製造の認可1号は新潟県、新潟大学に設置されている日本酒学センターなどである。

(1) 清酒と酒米

　新潟県の清酒生産量は27,561kℓで兵庫県90,753kℓ、京都府49,045kℓに次ぐ3位（2021年、国税庁）。酒造場数は88（2021年3月）でトップの新潟県に対して兵庫県は69、新潟県の酒蔵は兵庫に比べてかなり小規模ということになる。新潟県産の清酒は優れた地酒として高く評価されている。何故であろうか。考えてみたい。

　第一に多雪を特徴とする風土。新潟の冬は雪が多いものの対馬暖流のお陰で厳し過ぎる寒さにはならない。降雪によって浄化されたほどよい温度の大気は低温長期発酵に適した環境を造り出す。さらに、豊かな雪解け水は田にあって酒米を育て、地に入って仕込み水になる。

　第二は人。雪国という環境が育てたのであろう、勤勉、実直で研究熱心な越後杜氏という集団が形成され、既に江戸時代から全国的に活躍しており、その伝統が現在にまで継承されている。小規模で手作り的な蔵でこそ、その真価が発揮できる。県の酒造組合が運営する新潟清酒学校の存在も大きい。

清酒いろいろ

春　夏　秋　冬

冬の酒蔵。「雪中梅（せっちゅうばい）」の丸山酒造場（上越市）

　三番目は原料の水と米。雪がもたらす豊かで清冽な水は言うまでもない。ワイン造りには専用のブドウ品種があるように、清酒には酒米として西に兵庫県生まれの「山田錦（やまだにしき）」が、東に新潟県生まれの「五百万石（ごひゃくまんごく）」がある。だが、両者の酒造上の特質はかなり異なっている。山田錦の県内での栽培は成功例はあるものの、気候上の制約はかなり厳しい。五百万石の他に山田錦の特質を備えた県産の酒米があればとは誰もが思うはず。そうした強い期待を背にして、新潟県は16年もかけて新品種「越淡麗（こしたんれい）」（品種登録2007年）を育成した。ワイン造りに用いられている地域特性とでも訳される「テロワール」という概念によれば、新潟の清酒とうたうからには、原料は同一地域内で生産されたものに限定されることになる。そこに越淡麗という新品種の存在意義がある。

　なお、「新潟清酒」という名称について2022年に地理的表示（GI）保護制度*6の指定を受け、地域共通の知的財産として保護されている。

　家計調査によると新潟市民の清酒消費は金額で8,394円の2位と数量8,672mlの3位、全国平均値（5,422円、6,147ml）に比べてなかなかのものだ。美酒があるからそれを楽しむ人が多くなるのか、楽しむ人が多いから美酒が生まれるのか。ちなみに、消費金額1位、数量2

位は秋田市民。

（2）ワインとワイン用ブドウ

越後ワイナリー（南魚沼市）
岩の原ワイン（上越市）→
カーブドッチワイナリー（新潟市）
胎内ワイナリー（胎内市）
フェルミエ（新潟市）
ワインいろいろ

カーブドッチワイナリー（新潟市）の創立ごく初期のころ、落希一郎氏にこの地を選んだとの次第を尋ねたときに大変驚いたことが忘れられない。日本中、南北を探し歩いた結果だという。適地といえば山梨しかない頭では想像を超えるものであり、こんな海岸砂丘の地でブドウが育つのであろうかと思った。しかし、今や6軒のワイナリーが共存するワインコーストとして順調に発展している。そういえば、北アフリカ沖にあるカナリア諸島の「ランサローテ・ワイン」用のブドウは溶岩と火山灰からできている地面に掘ったすり鉢状の穴の底で栽培されているというから、ブドウは乾燥にめっぽう強いようだ。

これに対して、多雪で湿り気が多い風土の中に立地するのが岩の原ワイン（上越市）。ブドウにとって恵まれているとはとても考えられない環境の中で、川上善兵衛氏はマスカット・ベーリーA（1940年命名）など数多くのワイン用品種を育成した。現在においても、ベーリーAは国産ワインの赤やロゼに不可欠の品種となっている。"日本のワインぶどうの父"と呼ばれている所以である。

県内には、ブドウ園を持つワイナリーとして前記の他に胎内高原ワイナリー（胎内市）、アグリコア越後ワイナリー（南魚沼市）、セトワイナリー（新潟市）、ドメーヌ・ショオ（新潟市）、フェルミエ（新潟市）、ルサンクワイナリー（新潟市）、レスカルゴ（新潟市）があり、いずれもそれぞれ個性的なワインを造り出している。

農水省の統計では、ワインは果実酒に含まれ単独の生産量は分からないが、果実酒については428kℓ（2022年）で全国13位。新潟市民

のワインの消費は金額4,915円の8位、数量6,084㎖の2位、ともに全国平均値（3,559円、3,450㎖）をかなり上回る。

ブドウ畑とワイナリーという景観や雰囲気を好む人が多い。そうした景勝の地が、県内にもっと増えることを願ってやまない。

(3) ビール

世界中で多種多様のビールが造られているが、量的には下面発酵のラガービール、中でもピルスナータイプが他を圧倒している。日本人も長らくこのタイプになじんで来たのだが。

ビール醸造は大麦麦芽・ビール酵母・ホップ・水を原料とするのを基本にするが、麦芽を自前で製造しない場合は小規模の設備で済むことになり、

ビールいろいろ

それが多数のマイクロブルワリーの誕生につながっている。ビールについて長い歴史を有するヨーロッパでは、大げさに言えばクラフトビール醸造所が町ごとにあって、それぞれに製造者の心意気を反映した個性的で特徴あるものが造られているという。

日本では、酒税法改正、すなわち最低醸造量の切り下げをきっかけに全国的に小規模ビール醸造所の設立がブームになった。その認可第1号がエチゴビール（新潟市）で、現在、上面発酵のエールビール、特にヴァイツェンを得意としており、その出荷量は地ビールとしては全国1位であって2位に大きく水をあけている。その他、各種コンクールにおいて数々の受賞を誇る瓢湖屋敷の杜ブルワリー（阿賀野市）、街中の小規模な施設でもって数々の意欲的で個性的なビールを醸造している沼垂ビール（新潟市）、地産地消型のビール醸造を目指す妻有ビール（十日町市）、無濾過ビールの妙高高原ビール（妙高市）など、合計するとなんと16醸造所（2023年）を数える。今後、さらにこう

したクラフトブルワリーが増えていくものと予想される。

　新潟県でのビール生産量は4,267kℓ、大手の製造分も含む中にあって21位（2021年）。新潟市民のビール消費は金額数量で12,736円と23.45ℓでともに10位。全国平均値（11.430円と20.87ℓ）と比較するとかなり多いほうだ。清酒も併せて考えると、新潟の人たちは酒好きなんだなー、と思う。

（4）焼酎

　焼酎（しょうちゅう）は日本を代表する蒸留酒で、米焼酎・麦焼酎・芋焼酎・泡盛・粕取り焼酎など、かなり種類が多い。新潟県の焼酎は、ほとんどが米焼酎または清酒粕の粕取り焼酎であるので原料は米が大部分。醸造所それぞれが清酒醸造で蓄積した技術を生かして単式蒸留法（旧乙類）でもって製造し、出来た焼酎は香味にくせがなくマイルドで飲みやすい。しかし、蒸留という工程が入るため、蔵の個性が薄められがちになる。そのためか、母体になる清酒名を超越した個性的な銘柄名が目立つ。例えば、「よろしく千萬あるべし」「風媒花（ふうばいか）」「ほんやら」「つんぶり」「雪男」「のもうれ」「醸す森」「んっぽん」などで、命名者に尋ねてみないと理解不能のものも少なくない。焼酎には、こうした何者にもとらわれないエネルギーと自由さが秘められているように思われる。

　新潟県での焼酎の生産量は98kℓで全国19位（2021年）。ちなみに1、2位は芋焼酎の宮崎、鹿児島の両県。新潟市民の消費は金額5,665円の26位、数量8,267mℓの25位で全国平均値（6,492円、9,069mℓ）を下回る。その消費を担っているのが九州のほうで、宮崎・鹿児島・大分の市民がトップを争っ

焼酎いろいろ

ている。焼酎はあくまでも西日本の食文化なのだ。

(5) ウイスキー

創業物語がテレビドラマになるくらいだから、日本でのウイスキーの歴史は浅く、ディスティラリー（蒸留所）は多くない。大きな麦芽製造設備に加え、ウイ

ウイスキー・ジン いろいろ

スキーには「熟成という時間」が封じ込められているので企業を立ち上げるのは容易ではないと思う。かなり以前のこと、サントリー山崎蒸溜所で熟成樽に1931年産のサインを見て感激した覚えがある。

ところが、新潟でも製造されているというから驚く。2017年に製造免許を得た新潟麦酒（新潟市）は「越ノ忍」の銘柄名でもって輸入原酒をブレンドした10年ものが2020年に国際的コンクールで金賞を受賞している。新潟小規模蒸溜所（新潟市）は2020年に免許を得たばかりの新顔のディスティラリーであるが2023年の未熟成原酒世界的コンテストで最高賞を受賞している。八海醸造（南魚沼市）は2016年に免許を得て、2019年に子会社のニセコ蒸溜所（北海道）を設立し蒸留を開始したのが2021年。吉田電材蒸留所（村上市）は2022年に免許を得て、グレーンウイスキー専門のディスティラリーとしてスタートしている。これらの醸造所の真価は、熟成という時間の経過後に問われるので、その時を楽しみに待つことになる。

新潟県のウイスキー生産量は456kℓで10位（2021年、国税庁、製成数量）であってなかなか頑張っている。新潟市民のウイスキーの消費は金額数量で2,764円の15位と2,184mℓの5位で全国平均値（2,377円、1,565mℓ）に比べて少なくない。トップは札幌市民の3,987mℓ。寒さがこたえるのであろうか。

（6）ジン

　ジンは蒸留酒の一種であって、必須であるジュニパーベリーの実、にさまざまな香草・薬草・草木類などを加えたボタニカルと称するものに含まれる香味をスピリッツ（高濃度アルコール）によって抽出し、それを再び蒸留して得られる。リキュールの一種であってネズ独特の香りが強く、ジン・トニックなどのカクテルによく用いられる。

　県内では、越後薬草（上越市）がハーブとフラワーなどをボタニカルとして「YASO」の銘柄で、ろくもじ（南魚沼市）は佐渡産アテビや魚沼産クロモジなどで「ROKUMOJI CRAFT GIN」の製造販売を始めている。この他、県下の大手酒造会社の進出計画もあると聞いている。ジン製造では、ボタニカルの内容を変化させることが容易であるので、ローカルな材料を使って地域性を出すことができるはず、それをジンでもってトライするのも一つの方向だと思う。

　ジンの生産と消費の都道府県別のデータは見当たらない。

（7）酒に関わる新潟県の先人たち（敬称略）

◆伊夜日子大神：越後に酒造りを伝授。米の項（P88）を参照。

◆中川清兵衛（1848-1916）：長岡市出身。サッポロビールの前身、北海道開拓使麦酒醸造所の技術責任者を務めた。日本のビール製造技術のパイオニア。

◆大倉喜八郎（1837-1928）：新発田市出身。サッポロビールの前身である札幌麦酒会社を設立した。

◆川上善兵衛（1868-1944）：ワイン用ブドウの項（P118）を参照。

◆江田鎌治郎（1873-1957）：糸魚川市出身。大蔵省醸造試験場において試験研究に従事し、清酒製造の安定化に極めて有効である「速醸酛」の完成、そしてその理論化と普及に努めた。

◆坂口謹一郎（1897-1994）：上越市出身。東京大学農学部教授、応用微生物学者として広く日本の発酵と醸造産業の発展に貢献した。著名な歌人でもある。

蕎麦

　県外の人に、「新潟の蕎麦は面白いですよ」と言うと、大方の人は疑問顔をする。「そういえば、ふのり蕎麦にへぎ蕎麦がありますね」と反応する人はかなりの蕎麦通に違いない。米とは結び付いても、新潟と蕎麦とはなかなか結び付かないようだ。

　ソバの種実にはグルテンを形成するタンパク質が含まれていないので、そば粉を蕎麦切りにするには「つなぎ」が不可欠となる。つなぎとして最もポピュラーなのが小麦粉であって、例えば小麦粉2割にそば粉8割で作れば二八蕎麦となる。

　魚沼地方や頸城地方東部を中心とした比較的狭い範囲内に、つなぎとして小麦粉・フノリ・ヤマノイモ類・オヤマボクチ（山ごぼう）を使った蕎麦が分布している。その上、それらを組み合わせたもの、そば粉だけの十割蕎麦もあってまさに多種多様。この地を旅する人たちにとって何よりの楽しみになっている。

　中でも異色のつなぎがフノリであって蕎麦に独特の弾力と喉越し、さらにわずかな青みをもたらしてくれる。小千谷市や十日町市といった織物産地で、織物の糊つけに用いられている布糊の原料である海藻のフノリを賢く利用したものだ、と伝えられている。

　オヤマボクチの葉から取り出した繊維は長野県などでも使われているが、全国的にみてもかなり珍しい。

フノリ　　　　オヤマボクチ
　　　　　　　（山ごぼう）

蕎麦に強いこしが出るので麺に切るのに力がいるという。なお、オヤマボクチは「ごんぼっぱ」などとも呼ばれ、笹団子などにヨモギの代わりに入れる地域がある。

ヤマノイモとその仲間は蕎麦の風味を損なうことなく優しくつないでくれるので、この地の山間部でよく使われている。似たものとして、近年、特産のサトイモをつなぎにしたものを五泉市で味わうことができるという。

十割をうたう蕎麦は県内のあちこちで見かけるが、特に阿賀野川筋で目立つのは会津の影響と考えられる。この蕎麦を目当てに、はるばる会津の山峡の地、宮古集落を訪ねたことがある。蕎麦も良かったが、東側から見た飯豊山の姿もまた素晴らしかった。

「高遠蕎麦」との出会いは東蒲原郡阿賀町の農家であって、そこで辛味大根の一種アザキ大根のおろし蕎麦をいただいた。高遠とは、東蒲原をも統治していた会津松平家の始祖保科正之が信州高遠から移って来たのだ、ということを知って納得した。ここにも、東蒲原と会津とのつながりが認められる。なお、アザキ大根は半野生の大根であって奥会津地方の伝統野菜となっている。

佐渡島では旨くて珍しい蕎麦によく出会う。島の地粉とあご（トビウオ）だしの力が大きい。赤泊地区には蕎麦に千切り大根をから煎りしてゴマで和えたものをのせ、だし汁をかけた「せんぞうぼう」が伝承されている。しゃきっとした大根の食感がおいしさを上積みしている。蕎麦と千切

せんぞうぼう（佐渡市）

へぎそば
(十日町市・小千谷市など)

り大根との組み合わせは全国的であって大根蕎麦や蕎麦大根などと呼ばれている。最初は増量の意味であったのであろう。島内の各地ではまた、ゆでた地粉の十割蕎麦の上にあごだし汁をたっぷりかけた「ぶっかけ蕎麦」を味わうことができる。

　魚沼に多いふのり蕎麦は、木製で浅い長方形の容器「へぎ」に人数分を一口ずつ美しく盛られて出される。そのため「へぎ蕎麦」の名でもよく知られており、そのへぎに一口サイズのそばを独特な手さばきで盛っているので特に「手振り蕎麦」とも呼ばれている。美しく盛られた手振り蕎麦は、いただく前のひととき、目を楽しませてくれる。

　薬味については、全国的にみてほとんどの場合、辛味の主役がワサビであるのに対して、ふのり蕎麦の魚沼には唐辛子や辛子（マスタード）もあるのが珍しい。かつてはこれらが主役であったとも聞いている。この他、アサツキを添える店もあって楽しみが倍加する。

　最後に、十割蕎麦の「十割」の読み方、"とわり"か"じゅうわり"か、いずれであるかが気になるところだ。今日では、十について和語の"とお"よりも漢語の"じゅう"のほうが　般的になっているので、前者のとわりはあまり使われないようだ。間違いではないが、その表現は通であると取られるかも知れないが、古いと思われる恐れがある。

ラーメン

　新潟市民二人以上世帯の「外食・中華そば」への1世帯当たり年間支出金額が2021年の家計調査では全国1位というニュースには驚かされた。身近にラーメン店が多いとは思ってはいたが、まさか1位とは。

　驚きついでに、新潟市民はいつごろからラーメン好きになったかを確かめるため、さかのぼって調べてみた。福島が1位の2012(平成24)年を除き、2020年まで山形はトップを守り続けてきた。初めは5、6位程度であった新潟は次第に上昇し、後半やや下降ぎみの山形に追い付き追い越したのだ。だが、翌年2022年には再び2位になってしまった。山形は1位維持に真剣であり、一方、新潟はいい話題になったと喜んでいるだけのように見えるが。

　ところで、新潟県内のラーメンであるが、手前みそ的判断ではあるものの総じてレベルが大変高いと思う。さらに、見てくれと味わいの違いがはっきりしている五大ラーメンの存在がうれしい。食べ比べる興味と楽しみがある。

　「新潟あっさり醤油ラーメン」は、煮干し風味であっさりしている

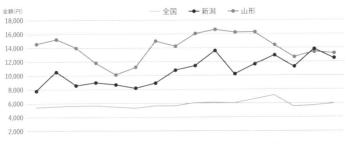

新潟・山形─「外食・中華そば」消費の推移

ので老若男女に広く愛されている。特に老人にとって、しごく懐かしいものがあるはずだ。「新潟濃厚味噌ラーメン」は野菜たっぷりで濃厚なみそ味は万人向きで、特に若い人の好みに合いそうだ。「燕(つばめ)背脂ラーメン」は大量の背脂が浮いて見えるので濃厚感が強い。

新潟あっさり醤油ラーメン (三吉屋／新潟市)

燕背脂ラーメン (杭州飯店／燕市)

長岡生姜醤油ラーメン (青島食堂／長岡市)

だが、決して脂くさくないのはそれが新鮮なせいであろう。配達に際して冷えない工夫が背脂の始まりであると聞いている。温かい思いやりがこもっている。「長岡生姜醤油ラーメン」は醸造の町摂田屋(せったや)で生まれたものでショウガのすっきりした風味が効いていて個性的だ。ショウガはどんなきっかけで使われたのであろうか。ショウガは体を温める効果があるというから雪国の冬の寒さに関係があるのかもしれない。「三条カレーラーメン」はカレー好きの新潟らしい。日本各地にあるカレーラーメンのパイオニアではないかと言われている。

　この他にも、赤や黒など、まさに色々のラーメンが県内各地で誕生している。新潟でラーメンがこれほどまでに伸びた理由は単純ではないが、消費者の食欲とラーメン店の意欲とがうまくかみ合い刺激し合った結果ではなかろうか。

　新潟市民は本来、麺類が大好きだ。家計調査で麺類全体の消費は金額が5位で数量は7位であり、その中に含まれるカップ麺は金額4位、数量3位だ。さらに、飲酒の後の「しめ」にラーメンが合うというから、酒好きとも関係しているかも知れない。何しろ新潟市民の清酒の消費はトップクラスであるから。

イタリアン

イタリアン(みかづき)

新潟県の下越と中越地方には「イタリアン」なるファストフードがある。始まりが1960（昭和35）年ごろで歴史は浅いが、新潟独特のB級グルメとして珍重されている。発案店は「みかづき」（新潟市）であり、同市を中心に県下にチェーン店を展開している。同じ名前で長岡市を拠点にした「フレンド」のチェーン店でも食べることができる。

堂場瞬一の小説『帰郷』には、新潟市育ちの刑事・鳴沢了が仕事の最中に、"……急に食べたくなって昼食に選んだのは新潟独特の料理の一つ、「イタリアン」であった。といってもイタリア料理ではない。簡単に言えばヤキソバに濃いトマトソースをかけた……"とある。

また、野瀬泰申の『全日本食の方言地図』には、バスセンタービルの中で食べたとき、"……おおお！いいじゃないですか。普通のミートソーススパにひと味加わったという感じで、ソース同士が争っていない。予想以上の味である。……"と感想を述べている。

これらの記述のように、蒸した太めの中華麺にモヤシ、キャベツなどを加えて炒めたものにトマトソースかミートソースをかけたもので、値段のわりになかなかの味だ。

家計調査にみる「他の麺類外食」への新潟市民の支出金額は全国2位であってかなり多い。これには、おそらくイタリアンが寄与しているのであろう。

タレかつ丼

新潟市内のとある小体(こてい)でやや古い食堂、値段を書いた木札を見るとカツ丼の脇に「卵とじもあります」と書いた紙が貼られている。以前は見かけなかったのだが。

一般に、カツ丼とはしょうゆ味の割り下で軽く煮込んだ豚カツを卵でとじて丼飯にの

タレかつ丼（とんかつ太郎）

せたもの、とされている。しかし、全国的には思いの外にバリエーションが多い。例えば、隣の会津若松(あいづわかまつ)市には卵でとじないでソースをかける「ソースカツ丼」があり、さらに「卵とじソースカツ丼」まであるという。

新潟の「タレかつ丼」は、小ぶりの豚カツを揚げてから甘辛のしょうゆ味のたれにくぐらせたもの数枚を、ご飯の上にのせたものであるが、中にはご飯の中まで入れたものまである。卵とじでないしょうゆ味ということで全国的にも珍しいカツ丼の一つになっている。カツの味わいが直接口にきて、真においしい。

ご当地グルメとして名高いが、発案の店はとんかつ太郎（新潟市）で、始まりは昭和初期にさかのぼるとのこと。しかし、盛んになり始めたのはそんなに古いことではない。

今、この地の人にとってカツ丼といえば、タレかつ丼である。しかし、事情がよく分からない旅人や昔を懐かしむお年寄りから、卵でとじたものを求められることがあるのかもしれない。それで、冒頭のシーンとなる。

カレー・カレーライス

バスセンターのカレー（新潟市）

新潟県民のカレー好きは本物のようだ。家計調査によると、新潟市民の「カレールウ」の消費は金額数量で1,668円と1,685g、ともに1位であって全国平均値（1,366円、1,286g）よりもかなり多い。

また、家計調査の和食の外食の項目には蕎麦うどんやすしなどが除かれてライスカレーや丼ものが入っている。その項目での新潟市民の支出金額は17,222円の39位、全国平均は21,156円と比較してかなり少ない。他の食べものが混在するデータであるので確たるものではないが、新潟市民はカレーライスをもっぱら家庭内でとっている方が多いようだ。

10年以上前のやや古いアンケートデータ[*10]であるが、新潟県民の各家庭でのライスカレーを食べる頻度は2、3日に1回が14％、週1回が13％、月1、2回が72％であって、なかなかよく食べている。カレーに入れる肉の割合は牛肉11％、豚肉64％、鶏肉19％、その他6％で、この食肉の割合は、今日の新潟市民の合挽肉を除く食肉購入量の割合、牛肉7.4％、豚肉54.0％、鶏肉35.4％、その他3.2％の値である家計調査の傾向とかなりよく一致している。やはり、新潟市民は相も変わらず豚肉を好んでいることになる。

カレー好きは「カレーラーメン」（三条市）、「カレー味の鶏半身揚げ」（新潟市）、「カレーイタリアン」（新潟市）、「カレー豆」（弥彦村）、

「豆天カレー味」（新潟市）、「スパイスカレー味のおかき」（新発田市）、「カレー煎餅」（新潟市）などに現れている。レトルト・

レルヒさんカレー　ホテルイタリア軒リッチビーフカレー　カレー豆

カレーいろいろ

カレーもまた花盛りで、有名な「バスセンター・カレー」（新潟市）をはじめとして、ホテルの味の「赤倉観光ホテル・ビーフカレー」（妙高市）に「ホテルイタリア軒のリッチビーフカレー」（新潟市）、有名人にあやかった「五十六カレー」（長岡市）と「レルヒさんカレー」（上越市・妙高市・湯沢町）、特産品を全面に出した「南蛮エビカレー」（糸魚川市）などがあって、まったくきりがない。

　何故、新潟の人たちがカレー好きになったかについては、五港の一つとしていち早い開港によって異国物に慣れていたこと、ピエトロ・ミリオーレによる洋食レストラン・イタリア軒の開店によって洋食が身近にあったこと、新潟の女性が働き者で仕事に忙しいのでてっとり早い料理を好んだこと、などの説があるという。説が多いのは、よく分からないからであって、おそらく、こうしたいくつかの事柄が織り成してカレー好きになったものと考えられる。

　同じく家計調査で、新潟市民のケチャップの消費は金額数量ともに全国1位、マヨネーズ・マヨネーズ風調味料は金額2位、数量3位につけている。カレールウは調理されてカレーになる。そのカレーを加えたこれら3者は、いずれもドロッとした半流動体であること、何らかのものにかけて混ぜるということで共通している。このことから、新潟の人たちのカレー好きを説明できるのではと期待してみるが、興味深いことではあるものの、まったくもって分からない。

131

粟飴・笹飴・継続団子・栗かん

江戸時代の戯作家十返舎一九（1765-1831）は『東海道中膝栗毛』（初刷り1802年）のヒットで気をよくしたのか、版元の意向なのか、その後『方言修行金草鞋』という道中記を書いており、その中で高田（現上越市）の"粟にて製したる水飴至って上品にて風味よくこの処の名物なり……"と述べている。その水飴を作っている髙橋孫左衛門家に一九は五日間ほど滞在している。

粟を原料にしてきた飴を四代目髙橋孫左衛門が粟からモチ米に替えて透明な水飴を作ったのが1790（寛政2）年。しかし、その後も名前は「粟飴」のままでもって、今日まで受け継がれている。ところが、粟飴から米飴に替わった1790年に注目して考察すると、粟にて製したる水飴の記述は、恐らく品名による一九の誤解であって、彼がなめたのは米にて製したる水飴であったはずだ。この年の一九はまだ20歳代半ばであった。

夏目漱石（1867-1916）の『坊ちゃん』に、四国松山への赴任に先立ち婆やの清にじき帰るからと慰め、"何を土産に買ってきてやろう、何が欲しい」と聞いてみたら、「越後の笹飴が食べたい」と云った。越後の笹飴なんて聞いた事もない。第一方角が違う。……"とあり、また後の方で、"うとうとしたら清の夢を見た。清が越後の笹飴を笹ぐるみ、むしゃむしゃ食って居る。……"と書かれている。

清のいう越後の笹飴とは高田の笹飴のこと。漱石と笹飴を結びつけたのは主治医であった森成麟蔵（1884-1955）で、修善寺温泉で胃潰瘍の漱石を献身的に看病したことでよく知られている。郷里の高田で森成医院を開業、その後も親交が続き、笹飴を求める手紙などをもらっているという。笹飴は高田の名産品であったが、今日、髙橋孫左衛門商店以外で目にすることがなくなった。

林芙美子（1903-1951）の『放浪記』の第二部の一節、港町の直江津に着いた主人公が駅の近くで団子を買って食べる。"……駅のそばで団子を買った。「この団子の名前は何というのですか？」「へえ継続だんごです」……"。結局、彼女はこの「継続団子」を食べて、自殺を思い止まる。

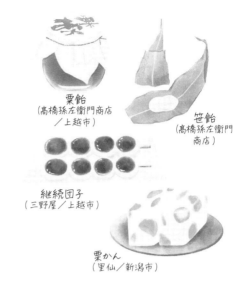

栗飴
（高橋孫左衛門商店／上越市）

笹飴
（高橋孫左衛門商店）

継続団子
（三野屋／上越市）

栗かん
（里仙／新潟市）

継続団子は直江津にあった米穀取引所の営業継続記念のために1903（明治36）年に作り始めたもので、すでに1世紀をはるかに超えている。直江津駅前の三野屋製で、白あんを平らに丸めてから軽く焼いて串刺ししたもの。素朴で心休まる姿と味わいが主人公に生きる力を与えてくれたに違いない。

愛人との姫始めの翌朝、髪飾りの鳩に"もう一つの目を入れて、里仙という老舗の栗羊羹を、一本ずつ親しい人たちに配って歩く……"。小説『忍ぶ川』を書いた三浦哲郎（1931-2010）の『熱い雪』の一節。時代の変化に乗り切れない自分にいら立ちを感じながら恋する芸者雪弥を主人公にした物語であって、新潟市を舞台にしている。

ここに登場する栗羊羹とは花街に近い新潟市古町の里仙の「栗かん」のこと。新栗と白いんげん豆のあんで作る練り切り菓子で、秋からの季節限定品。新鮮な栗の風味は真に上品であって、新潟市を代表する銘菓の一つである。

コーヒー・喫茶店

コーヒー豆を原料にするコーヒーと茶葉を原料とする緑茶に紅茶の3者、いずれも日本人にとってなじみ深い飲料であり、淹れて飲むこととカフェインを含んでいることが共通している。

家計調査による消費支出の年次経過図を見ると、長らく続く緑茶の減少傾向と紅茶の低レベルのままでの推移、この両者に対してコーヒーの増加は止まることなく、2009年に緑茶を抜き去っている。イギリス人は伝統的に紅茶好きとされてきたが、今では爆発的にコーヒー人口が増え、午前にコーヒー、午後は紅茶というように飲み分けている人が多いという。

何故、コーヒーの一人勝ちになったのであろうか。答えはただ一つ、香味の強さの違いにあると思う。緑茶と紅茶の香味はともに繊細で衰えやすく、下手な淹れ方をすると単に色が付いたお湯になりかねない。それに対してコーヒーはタフネス、どんな取り扱いを受けてもコーヒーだと認識させる香味を保ち続ける。そのため、消費者は小難しいプロセスなしにそれなりの賞味ができることになる。

近ごろ、コーヒー関連の売り場で個包装のドリップバッグ・コーヒーが急速に幅を利かせている。焙煎と粉末化済みの豆1カップ分をバッグに入れたもので、バッグを開いてお湯を注ぐことで、本来のドリップコーヒーに近いものを簡単に楽しむことができる。多層フィルムで個包装されているので、保存性もあり、

家計調査に見る緑茶・紅茶・コーヒー消費の推移図

品名、原産地や焙煎程度などの品質表示もでき、小単位での商品化が容易なので土産用などに爆発的に増えている。しかし、コーヒー豆の日本産はほぼあり得ないので、土産になっているのは包装の部分だけということになる。そうした中で、Brillian（佐渡市）の佐渡産クロモジをブレンドした「クロモジ入り珈琲」は注目に値する。また、追い鉄付きの「燕三条鉄入珈琲」を燕三条地場産センターで見かけた。こうした知恵と工夫の積み重ねにより、コーヒーもストーリー付きの土産や贈答品になるのであろう。

クロモジ入り珈琲（粉）（ブリリアン）

追い鉄

燕三条鉄入コーヒー（プラスワイズ）

ドリップバッグコーヒー

　経済センサス活動調査（2016年）というやや古い統計であるが、都道府県別の人口10万人当たりの喫茶店数は、新潟県では29.2軒で36位、全国平均52.6軒よりもかなり少ない。この喫茶店数は富山・岐阜・愛知以西の西日本に多い傾向が顕著であって、ここにもフォッサマグナの西縁にそって東西食文化の分かれ目が存在している。

　近々の家計調査によると、新潟市民のコーヒーの購入は金額数量で8,094円の11位と2,918gの15位であって、全国平均値（7,454円、2,708g）よりやや多い程度だ。ところが、外で飲む喫茶代は28位で5,839円、全国平均7,621円よりもかなり少ない。喫茶店が少ないためか、それとも天候のせいか、あるいは単に出不精か。参考まで、外で飲む飲酒代は8,877円の29位で全国平均値10,022円より少ない。

　だが、近ごろ県内ではコーヒーそのものだけでなく店内の雰囲気や取り巻く景観にまで心がけた喫茶店が方々に増えているのがうれしい。コーヒー人口もまた、確実に増えているように実感している。

ところで、人口減や過疎化などにより、特に農山村において地域の人々が集える場所が確実に減っている。さらに、街は街で職場（学校を含む）と家庭とは別に第3の居場所ともいうべきサード・プレイス*11 が必要ではないか、という考えまである。いずれにしても、憩いの空間、和やかに時には静かに過ごせる空間があればなあ、と願っている人が少なくない。喫茶店に期待したいのだが、回転が遅いのが難点だと余計な心配をする。

燦燦cafeから角田岬灯台と日本海を望む

では何はさておき、街より外へ出て、取り巻く情景が記憶の中に鮮やかに残っている店を県内に限ってランダムに取り上げてみる。もちろん、いずれもコーヒーそのものについては言うまでもない。

冬の日本海の荒海を見下ろす「燦燦cafe」（新潟市）、夏の穏やかな内海の真野湾越しに大佐渡の山々を眺める「しまふうみ」（佐渡市）、山路を踏み分けてという思いが募る「ミント」（新発田市）、田植えのころ水田が鏡を敷き詰めたように光る新潟平野を眼下にした「SUWADA OPEN FACTORY」（三条市）、無限に広がるかと思える稲田の一隅にそびえるタブノキの老巨木の下で盛夏の暑さをしのぐ「たぶの木」（新潟市）、コーヒーカップにも惹かれる「愛着珈琲出湯温泉喫茶室」（阿賀野市）、高原の眺望を我がものにしている「赤倉観光ホテル・カフェテラス」（妙高市）、魚沼三山の他に妙高山や信濃川の曲流の眺望が素晴らしい山本山山頂の「やまもとやま CAFE 本」（小千谷市）、国道17号線の喧噪をよそに、暮れ残る邪宗の御寺ではないが、そのエキゾチックな佇まいが魅惑的で名前も素晴らしい「邪宗門」（南魚沼市）など、まだまだ尽きそうもない。

マタタビ・サルナシ・キウイフルーツ

「マタタビ」と「サルナシ」は東アジア原産で日本国内でも広範囲に自生しており、もともとは中国原産であった「キウイフルーツ」はニュージーランドで改良されて、今では果樹として日本などで栽培されている。この三つの果物は、マタタビ科マタタビ属の仲間同士の蔓性(つる)落葉樹であって、果実の断面がよく似ている。

マタタビが雪にも負けずに木々に絡み付いて生きているのを山の林道脇などでよく見かける。その名前の由来として、実を食べたところ元気が出て"また旅"を続けられるようになったというのは俗説であって、アイヌ語起源説が有力らしい。ネコがみせるマタタビに対する特異的な行動は昔から興味の対象であったが、今ではそのメカニズムの解明が進み有効成分も明らかになったという。なお、「キャットミント」の愛称があるシソ科イヌハッカ属のハーブにはマタタビと同様にネコが特異反応する成分が含まれているという。

マタタビの未熟の果実は渋くて苦いが、熟すと甘酸っぱくなってそのままでも食べられる。しかし、多くは完熟前の緑色のものが漬物や果実酒などになる。ユニオンフーズ（小千谷市(おぢや)）はいち早くこのマタタビに着目し、果実の凍結乾燥物と塩漬けや葉のまたたび茶などを製造販売している。

サルナシの名はサルが好むナシの意味であるが、他の野生動物に

サルナシ

キウイフルーツ

マタタビ

とっても極めて重要な食料に位置づけられている。他に「こくわ」や「しらくちかずら」などとも呼ばれており、新潟県を含む東日本ではこくわの呼び方が優勢。甘酸っぱくておいしいので、昔から山村の子どもたちにとっても大事なおやつであった。なお、かの有名な徳島県祖谷渓の「かずら橋」はこのサルナシの蔓で編まれている。

またたび塩漬け
（ユニオンフーズ）

　全国的にこのサルナシを見直す動きがある。本来、日本国内で自生していたもので栽培が容易であり日当たりの良い休耕田などが栽培適地とのこと。その利用は中山間地域の発展のための有効な手段の一つとして期待されている。

　県内でも十日町市は先進地であって、例えば、黒沢観光栗さるなし園はサルナシを大規模に栽培し、観光に加えジュースやジャムなど種々の加工品を製造販売している。また、三条市下田にある農家カフェ、こくわ屋藤兵衛はサルナシをペースト状に加工し、それを利用したカレーやスイーツを提供している。

　おなじみのキウイフルーツの名前はニュージーランドの国鳥の名「キーウィ（kiwi）」に因んだもので、その鳥と果実の姿形が似ているからではないという。果樹としては新顔であり、戦後にアメリカから導入されて急速に普及したもので、果物共通の甘酸っぱい味に加えて小さな種子が舌に触ることで感ずる食感に特徴がある。生食が主であるが、ジャムやジェラートにも向いている。

　日除けを兼ねて上手に育てている家庭をよく見かけるように、新潟県はキウイフルーツの栽培に適している。県内では、五泉市・村上市・佐渡市など方々で広く栽培されており、その生産量は148tで全国15位（2020年）。新潟市民の消費は金額数量で2,347円と2,854gで12位と7位であって、全国平均をともに上回っている。

春　夏　秋　冬

139

ジビエ ──カモ・イノシシ・シカ・クマ──

　2023年1月18日、新潟市中央区それも新潟島において、イノシシがぶつかって女性にけがをさせた、というニュースには大変驚いた。同年の秋には、県下でクマが人を襲う事件が頻繁にニュースになった。人口減や過疎化により、野生の鳥獣類の生息範囲が広がって、しばしば人々の生活範囲にまで侵入し害を及ぼしていることは承知していたが、ここまで来ているのだと、改めて認識させられた。

　対策として狩猟による頭数の減少を目指しているが、なかなかスムーズにいっていない。それは、ハンターの不足と獲物の有効利用が進まないことによるものだという。今のところ獲物の9割が廃棄されているとのことで、出自が農耕民族である日本人はやはり自然動物相手が不得意であることを思い知らされる。狩猟民族はかなり違っている。狩猟をゲームやスポーツと心得ているくらいだから。

　ところで、「ジビエ（gibier）」は狩猟で得た野生の鳥獣とその肉のことを意味するフランス語であるが、近年、その言葉が人の口に上るだけでなく、ジビエそのものも口に入るようだ。

　ジビエとして提供される主な鳥獣肉の種類を全国的にみると、全国一円のシカ、西日本に多いイノシシ、東北地方のクマ、新潟県では野ガモが目立っている。それぞれ、対象となる鳥獣の生息分布と得られる肉の種類との関連が認められるのは、当然のことであろう。

　白鳥の湖と言われる瓢湖（阿賀野市）には多数の鳥が越冬のために飛来する。ある年のデータでは、ハクチョウ類約3,500羽に対してカモの仲間は約15,000羽を数えている。この例のように、新潟県は全国屈指の渡り鳥の飛来地である。

　かつて、新潟市西蒲区には福島潟（北区）と肩を並べる大きさの湖沼、鎧潟があって、その周辺は県下随一のカモの飛来地であった。な

「かもん！カモねぎまつり」の
かも汁

カモ肉の
ももスライス

クマ肉の
ももスライス

お、鎧潟は1976（昭和51）年に干拓が完了して角田山を写していた潟の面影は何も残っていない。

よく捕れればよく食べるは自然の成り行きで、そのころの鎧潟周辺での食生活記録にはカモ肉の料理が盛んに登場している。カモ肉はカモ飯・カモ雑炊・カモ鍋・カモ汁などのごちそうになり、さらにしょうゆ漬けや塩漬けで保存されて麺やお平などの具やだしになっていた。新潟県におけるカモ猟の解禁日は11月15日、この日を待って毎年12月上旬に、かつて鎧潟があった地域の新潟市西蒲区潟東では「かもん！ カモねぎまつり」が開催されて、多くの新潟市民がかも汁の味を堪能し、ジビエの食文化に少しばかり接することができる。

かつて魚沼の巻機山山麓の民宿で特別にクマ肉を食べたことがあるが、堅くて往生したことを覚えている。村上市の山熊田はマタギの里であって、今日でも集団でクマを追い込む"熊巻き"という狩猟法が伝承されているが、クマ肉はどのように処理されているのであろうか。

近ごろはジビエ料理と称して、野生鳥獣の料理がもてはやされ始め、県内でも少しずつ専門店が増えているようだ。しかし、日本のジビエの食文化はまだまだの段階だと思う。

赤塚大根・山海漬・辛子巻き・はりはり漬

　新潟市西区内野あたりから西蒲区角田山麓に続く、かなりのスケールの砂丘が都市近郊型の野菜産地となっている。

　この砂丘地の一画、西区赤塚で大根の栽培が始まったのは18世紀後半。そして、新潟港に近いという地の利を生かした交易品として、たくあんやみそ漬けなど大根の加工品が盛んに作られるようになった。そのため、栽培される大根は加工用が主になり、加工用に選ばれ改良されて生まれたのが「赤塚大根」で、白首でずんどう、皮厚く質が硬かったという。今はなきこの大根のレプリカを新潟市歴史博物館で伝統野菜の一つとして見ることができる。

　現在では、この伝統の大根に代わって新しい品種が栽培されている。そして、その近辺にそれを漬物などにする加工工場があり、栽培と加工の連鎖が認められる。

　新潟県には、この大根を生かしたさまざまな加工品が多数あるので、興味あるものを紹介する。

　「山海漬」は新潟市の特産品。たっぷり入った数の子と刻んだ大根やキュウリなどの野菜にわさびを加えて酒粕で漬け込んだもの。かつての北前船の名残りを感ずる港町新潟らしい一品で、山海の珍味にぴったりの名前も良い。一般の粕漬けでは酒粕が漬けるための素材であるのに対して、山海漬では酒粕そのものが製品の一部となって一緒に食べられる。このところが奈良漬などの粕漬けとは大きく違っており、当然、酒粕の質が厳しく問われる。酒粕を多めに使っていることから、新潟の酒造とタイアップしてPRしたいものだ。見た目が

山海漬

美しく塩辛くない上品な味わいは酒の肴にもよく合うと思う。

新潟市西蒲区の郷土料理である「切り干し大根の辛子巻き」は輪切りにして干した切り干し大根を湯でもって戻してから辛子を塗り、しょうゆとみりんなどの調味液に漬け込んで作る。ぽりぽりとした食感にきゅーんと来る辛味が快く、ご飯にも酒にもよく合う。自家産の大根にこだわる岩﨑食品（新潟市西蒲区）その他で製造販売されている。

切り干し大根をしょうゆに酢を効かせて漬けた「はりはり漬」はほぼ全国的に家庭で作られている漬物であるが、特に西日本で盛んである。全国の地域ごとに名前と作り方は少しずつ変化しているが、はりはりぽりぽりの食感からはりはり漬の名前が全国で共通しているものの「切り干し（大根）漬」の名も少なくない。大方の地方、特に西日本のものは切り干しのみをしょうゆ、酢、砂糖などで漬けたもので比較的単純である。

しかし、新潟のはりはり漬は少しばかり贅沢になっている。酢をあまり強く効かせていないこと、材料が多種であることに特徴がある。干し大根のほかにニンジン、昆布、数の子、スルメ、凝った人は貝柱なども入れる。時期としては冬のごちそうで、正月のおせちの一品として利用される。昆布やスルメ、貝柱などが入っているため、寝かせておくほど旨味が出てきておいしくなる。

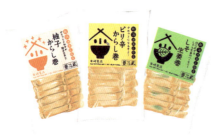

切り干し大根の辛子巻き
（岩﨑食品）

新潟風はりはり漬
（新潟市の大見節子さんのレシピ）

イワシの塩漬け・生ぐさこうこ・魚醤

タイトルの3者、不思議な組み合わせだと思われるかもしれないが、つながりがある。

新潟市西蒲区などの漁村では「生ぐさこうこ」という珍しい名前の大根の漬物が伝承されている。越前浜(えちぜん)での取材によると、春の4月ごろに獲れるマイワシをきつい塩漬けにしておき、11月末ごろになると立ち上る匂いを避けるため戸外で身が崩れるまで煮込む。全体として「アンチョビソース」を連想させるものがある。「アンチョビ」とはカタクチイワシまたはその塩漬けのことを指し、ヨーロッパでは、その塩漬けの身を煮崩してアンチョビソースが作られている。

塩漬けしたマイワシ

生ぐさこうこ

この頃を旬とする集落裏手の砂丘地で採れた大根を輪切りにして、この中に漬け込み、1カ月ほど置くと最高の味となる。出来上がりのころがちょうど正月に当たる。その名前は「生ぐさこうこ」の他、「しょっからこーこ」や「なまぐさ漬」など、縮めて「なまぐさ」ともいう。淡いべっこう色でカリカリとした食感と独特の旨味が強く、名前から想像するほどは臭くない。その香味は繊細であって変質が早いので、寒い冬のみが旬となる。正月に帰省した人たちにとって何よりの懐かしの味とのことだ。残念ながら越前浜では、このこうこを作る家が少なくなったので、その伝承に努力中だという。

よく似たものとして、頸城(くびき)地方東部の海寄りの地域には、冬大根を塩辛い糠(ぬか)漬けイワシと一緒に煮る「糠イワシのしょっから煮」が伝承されている。

最後の一滴

アンチョビ

糠イワシのしょっから煮

　ところで、「魚醤」は生の魚介類に多量の塩を混ぜて長期間放置熟成させてから濾過して作る液状の調味料であって、強い旨味と独特の香りを持っている。秋田の「ショッツル」、石川の「イシル」、東南アジアの「ナムプラー」や「ムクナム」などが名高い。作り方からすると、角田浜の生ぐさこうこに使う漬け汁も一種の魚醤であって、違いは濾さないことにある。どちらかというと、魚醤よりもアンチョビに似ているが。

　近年、新潟県立海洋高校（糸魚川市）では、サケから作る「最後の一滴」という名の魚醤を、県の研究機関の援助を得て開発し販売にまで至っている。くせのない香味で、どちらかというとしょうゆに似ている。開発・製造・販売の全プロセスを学ぶという、真に意義深い教育だと思う。同高校同窓会の一般社団法人能水会経営・能水商店（糸魚川市）が販売などいろいろの面からバックアップしているのが素晴らしい。

　また、新潟県すし商生活衛生同業組合は県の研究機関の援助を得て作った魚醤をすし店の店頭で提供し「極上のすしを極上のしょうゆで味わえるのは新潟だけ」をキャッチフレーズにしている。この魚醤はごく新鮮な魚介を使い短期間で作るのが特徴であって、魚醤独特の匂いがなく味わいがすっきりしている。その中の一つに貴重なホッコクアカエビを原料にしたぜいたくな「南蛮エビ魚醤」（P177）がある。

野菜の雪下貯蔵

今日、地球のエネルギーや温暖化などの問題から、雪の持つ冷熱エネルギーの利用がかなり具体的になっている。しかし、雪国では前々から野菜を雪で囲って貯蔵することが当然のことであって、雪国の人たちは率先して冷熱エネルギーを利用してきたことになる。

例えば、約1世紀さかのぼる魚沼の食生活を記録した聞き書[*1]には"十一月十日は大根正月といって、この日以降にだいこんをとって干したり、「だいこだて」に蓄える"とある。このだいこだては間もなく雪にすっぽりと埋もれてしまう。

ところで、積雪直下の地表温度は0〜0.5℃、湿度はほぼ100%であって、厚い羽毛布団を掛けたようなものだ。この雪下の数値とほぼ同じ温度0〜2℃、湿度95〜100%を最適貯蔵条件とする主な野菜はカブ・カリフラワー・キャベツ・シュンギク・スイートコーン・ダイコン・ニンジン・ネギ・ハクサイ・ブロッコリー・ホウレンソウ・レタスなどで、根菜類と葉菜類の多いのが目につく。当然、これらの野菜が雪下貯蔵の対象になる。

野菜を雪下で貯蔵すると甘味成分としての糖分が増えて甘くなる、とよく言われている。しかし、このことが当てはまる野菜は多くないようで、ニンジンは当てはまらない例になる。いろいろの研

雪下にんじんの収穫

究データによると、ニンジンは貯蔵中に甘味成分である糖分がほとんど増えていないことは確かだ。では、なぜ甘くなると感ずるのかというと、貯蔵中に組織が変化して口当たりが良くなること、酸味・渋味・苦み・辛味などのいわゆる雑味成分やくせのある香気成分が減ること、それに甘味アミノ酸などが増えることなどによって旨く感ずるようになるのだが、何でもかんでも"旨い"ことを"甘い"と表現する人が少なくないことから、多くの人が甘くなると言っているのだ、と考えられる。

雪下にんじんジュース

　雪中貯蔵における雪と野菜との関係は、野菜は雪下の土の中に、掘り上げられてから雪の中に、野菜は雪と別れて隣の部屋に、の3様となる。だいこだてでの貯蔵は2番目のケースであり、津南町の「雪下にんじん」の場合は雪に覆われた土の中に栽培状態のまま貯蔵するもので第1のケースに当てはまり、最も自然であってストレスが少ない。長岡市小国地区の「雪下キャベツ」も同様のケースとなる。

　津南町は県内でも降雪が特に多い地域、掘り出すのは大変な苦労だと思うが、ニンジンの朱赤のビタミンカラーは雪に映えて何よりも美しい。2019年に地理的表示（GI）保護制度[*6]に登録されており、ニンジンに特化しPRすることでかなり知名度が上がっているようで、先駆け的な努力が報われているのが大変喜ばしい。近年の実績は出荷量約470t、販売額約5,500万円（2023年）になっている。

　なお、上越市大道福田にあるJAえちご上越経営の上越あるるん村では、雪の多い環境の中で栽培され貯蔵されたニンジン・ダイコン・キャベツ・ネギなどを「雪下畑の仲間たち」というニックネームの特設コーナーで販売し好評を博しているという。雪を積極的に前面に出した優れたアイデアだと思う。

餅・包装餅・いも餅

　稲の渡来は縄文時代、間を置くことなく「餅（もち）」もやって来たので、日本人と餅との付き合いの年月は非常に長い。

　餅搗きは、人手がかかり道具だてが大げさになること、原料が貴重なモチ米であることなどから、年間最大の行事である正月のためにすることがメインになってきた。

　しかし、余った正月の餅は冬の寒さに関わらずすぐにカビが生えてくる。いずこの家庭でも、その始末に頭を悩ますことになり、まして冷蔵庫のない時代、せいぜいできる対策は水の中に餅を沈めておく「水餅」くらいであった。餅の水分は50％前後であってかなり多い。その上、米由来の糖質などの栄養成分に富むので微生物、特にカビが表面に繁殖しやすい。概して、カビの仲間は糖分が好きで低温に強い。

　現在、カビ対策に成功し、餅は包装餅の形で年中売られている。新潟県では包装餅を数社で製造しており、その出荷額は日本一の279億円（2020年）で、全国の約6割が本県で生産されている。米産県という地の利もあるが、最大の理由はカビ対策にいち早く成功したことに尽きると思う。

　いくつかの試行錯誤を経て、最初にかなりのレベルに達したのが「板餅」。これは搗きたての餅をプラスチック袋に入れて袋ごと大きめの板状にのしてから切れ目の凹凸を付けて加熱殺菌するもの。次は、出来たのし餅を一切れごとに切ってから個包装し加

サトウの切り餅

熱殺菌した「殺菌切り餅」。この2つの餅は保存上に問題はないが、モチ米を蒸すことと出来た餅を再び加熱するため、どうしても食味低下は避けられない。3つ目が無菌のラインの中で餅搗きと包装を一挙に行う「個包装生餅」となる。この餅は殺菌のための余計な加熱がなくなるので生餅の風味が保持される。いち早くラインの無菌化を推進したのがサトウ食品（新潟市）であり、現在、日本一のトップメーカーとなっている。

イタモチ（加茂市）

餅丸長者（上越市）

いも餅（佐渡市）

　包装餅は大きな工場だけで作られているのではない。例えば、小規模の設備で作られた餅がふるさと納税返礼品としてもかなり取り上げられている。県内では佐渡市の「いも餅」、上越市の「餅丸長者」、加茂市の「イタモチ」などがある。

　これらの中で、佐渡のいも餅は珍しい。ふかしたサツマイモに小麦粉を加えて練り、短冊形に切って乾燥させたもので、そのままでも軽く焼いてもよく、甘くておいしいおやつになる。西日本、特に九州ではサツマイモを主原料にした「かんころ餅」という名のいも餅が盛んに作られている。似たものが佐渡島にもあることは食文化的に興味深い。最後のイタモチは前記の板餅の方法で殺菌されている。

　大きな産地では消費も多いのではないかと思うのは当然のことであり、家計調査によると新潟市民の餅の消費は金額数量で5位と6位の上位。ところが、さらに消費金額が多いのは1・2・3位の金沢・福井・富山の3市であって、同じ北陸として嗜好が似ている。

お節料理・昆布巻き・雑煮

伝統の行事にはごちそうが付きものであるが、近ごろ、日本人はそのごちそうを忘れたり人任せにすることが多くなっている。人任せであっても用意するだけでもよしとする時代になっているのであろう。

さすが、一年のけじめとして正月にはそれなりに料理が整えられている。年末が近づくと、スーパー、デパート、ホテル、料亭などで年越しや正月用料理の材料や既製品のPRが賑やかになる。中でも、何段重ねの重箱入りの「お節料理」の立派さには驚くばかりだ。

参考まで、新潟市でのお節料理の一例を「おしながき」の順に従って記述通りに紹介すると、鮭の塩焼き・栗入りきんとん・黒豆・煮物（昆布巻き・人参・蓮根・いんげん）・伊達巻き・頭付きえび・紅白かまぼこ・数の子・紅白なます・わかさぎの甘露煮、となっている。簡素ながら、新潟の味が楽しめるものとなっていると思う。

伝統的なお節料理の年取り魚として、中下越ではもっぱらサケであり、サメが上越市の一部で、糸魚川や佐渡ではブリが多い傾向が認められる。上越のサメは大変珍しくて興味深いものである。（P165）

「昆布巻き」の芯は、全国的には身欠きニシンが最も多い。県内でも大方がこの身欠きニシンである中で新潟市などの下越地方の芯がサケであるのは、全国的にみて珍しい。

お年寄りが身近にいれば、正月にそれぞれの地方独特の料理、越後では「のっぺ」や「煮菜」を、佐渡では「佐渡にしめ」などが作られるかもしれ

昆布巻き

ないが、恐らくそれも徐々に減っていることであろう。こうした料理は正月に帰省した人たちの帰省の証しとして、何よりのごちそうになっているように思うのだが。

雑煮いろいろ

　正月だから餅を、という思いは今でも日本人に維持されているようで、年末に近くのスーパーなどの店頭で四角形の餅が山盛りになっていることで、そのことが確かめられる。この餅が西日本では丸形、東日本では角形という伝統は、今でも思いの外強く残っている。それを分けるラインはおおよそ福井県東部と名古屋市を結んでおり、新潟県はすべて角餅になる。かつて佐渡は西の丸餅文化圏に属していたが、今は角餅に変わったのに対して、隣の山形県庄内地方には飛び地的に今なお丸餅の食文化が維持されている。庄内は佐渡よりも、より強く上方の影響を受けていたのであろうか。

　越後側の雑煮の特徴は全体としては大根などの具が多いことで、例えば東京の澄ましに小松菜というあっさり型とはかなり異なっている。味付けはしょうゆが普通であって、西日本に多いみそ味はない。動物性材料としては、下越はサケ、残りの地域では主に鶏肉が使われる。佐渡には県内では珍しく「あんころ餅」もあるが、この餅は全国的にはさほど珍しいものではなく、各地に分布している。

煮菜・打ち豆

"にな"か"にーな"か、「煮菜」と書いて何と読むのであろうか、発音が人によって微妙に違う。

ハウス栽培などがない時代、特に冬期は青もの野菜が不足がちになるので、乾燥または塩蔵で貯蔵するのが最も普通であった。そのいずれかの方法で貯蔵した菜が煮菜という料理となる。

この煮菜は越後に伝承されている家庭料理で、漬け菜や干し菜を水で戻してから刻み、サトイモ・ニンジン・油揚げ・打ち豆など、時には酒粕と一緒に煮て、主にみそでもって味を調えて出来上がる。菜の種類は、長岡市から北ではタイナ、南ではノザワナ、その他広くダイコン菜が用いられる。煮菜独特な風味は、貯蔵された菜を材料にすることで生まれるもので、新鮮な菜では駄目だと言われている。

この煮菜の材料として、菜に次いで何よりも大事なのが「打ち豆」であって「つぶし豆」とも言う。新潟県を含めて北陸から東北地方の日本海側の雪国で広く伝統の食材として作られ重宝されてきた。

大豆をぬるま湯に浸してから、硬くて平らな台、石臼などの上にのせ、木槌でもって打ちつぶすことで打ち豆となる。大豆の組織は堅いので、そのままでは煮ても焼いても消化が悪いが、その組織を壊すことで煮えやすくなり風味と消化性が一段と良くなって栄養価が向上する。打ちつぶすという極めて簡単な方法でありながら、真に有意義な加工法である。

のっぺ

　新潟県民で「のっぺ」こそ新潟県を代表する料理であると信じている人が少なくない。農水省の「農山漁村の郷土料理百選」にも選ばれているではないか、と。その百選の説明文を一部紹介すると、"「のっぺ」は新潟の代表的な家庭料理であり、……全国各地に点在する「のっぺい汁」とは違い、新潟の「のっぺ」は汁物というよりは煮物である。里芋を主材料とし、……青味には莢えんどうが使われる。莢えんどうが手に入らない冬は「ととまめ」を散らす……。"とある。

　しかし、新潟の料理と言い切れるかどうかが心配なので、『日本の食生活全集』*1でもって全国的な分布を調べてみた。その結果、北は北海道から南は宮崎県まで40数カ所での存在が認められた。まさに全国区であり、次のような共通点を持っている。

①材料のすべてを細かく切ったものの煮物であって汁気が多い。
②サトイモが例外なしに使われている。

全国的な「のっぺ」類の分布（『聞き書・日本の食生活全集』*1より）、著者作図

③とろみはサトイモ自身のぬめり、またはクズ粉などによる。

④日常から吉凶の行事に至るまで、多様な目的のための家庭料理である。

⑤のっぺの他に、「ぬっぺ」「のっぺい」「のっぺい汁」など、似たような語感の名前を持っている。この名前のいわれについては、諸説あり過ぎて結局よく分からない。

のっぺが全国区だとすると、新潟の代表的料理の座が心配となる。『日本料理由来事典』には「のっぺい」の項目の他「越後のっぺ」の項目がある。そこには"……サトイモのとろみを利用し片栗粉を使わないので、粘りが少なくさらっとしている。鮭の切り身と「とと豆」（鮭の卵）を入れるのも特徴である……"と書かれている。粘り過ぎず、さらっとした上品な味わい、サケの切り身とイクラによる彩りの美しさが認められたのであろう。

のっぺとその仲間のメニューを全国的に調べたところ、新潟県以外の地域では材料として大根を使う所が大部分であるのに対して、新潟では全く使っていないことが分かった。全国の数ある中から、郷土料理百選に唯一選ばれている理由の一つになっているのかもしれない。

県内各地ののっぺはそれぞれに次のような特徴や傾向があるが、基本となる野菜の種類や調理の仕方はほぼ同じといってよい。

上越地方ではとろみを出すためにクズ粉を使い、鶏肉が入る。中越

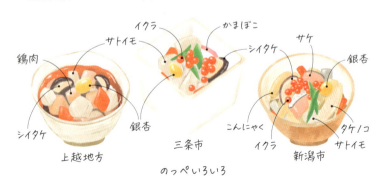

のっぺいろいろ

のっぺに類する煮ものいろいろ

地方ではクズ粉を使う場合と使わない場合があり、サケまたは鶏肉となる。下越地方の大方はとろみをクズ粉ではなくサトイモの粘りに頼っているので、さらっとした食感となる。サケが普通であり、さらにサケの卵、イクラが添えられる。佐渡ではのっぺやそれに類する名前の料理を作る伝統はない。

さらに、のっぺに似た煮物が県内各地で、別の名前でもって伝承されている。主なものとして、「こにもの」は下越地方北部に、「こくしょう」は中越地方に、その他「ざっこくびら」や「おつぼ」などもある。中でも注目に値するのが岩船地方の「大海」で、大海という名前の大きな漆塗りの器に盛って出す。すべてにスケールが大きい。

最後に、のっぺについての新しい潮流、現代人にアピールするアレンジメントを紹介する。例えば、新発田市の北辰館の小山誠料理長は、のっぺを念頭に置いた料理でもって日本料理大賞の予選を通過し、決勝で技能賞を受賞している。新潟市の「FARM TABLE SUZU（ファームテーブルスズ）」(新潟市) オーナーシェフである寿々瀧（長岡市）の鈴木将さんは、のっぺの味わいと材料を生かして「新潟のっぺせいろ御飯」を案出。こうした機運がさらに高まることを願って止まない。

納豆・きりざい・きりあえ

　日本の食文化を東西に分けた場合、「納豆（なっとう）」が東を代表する食べ物の一つとなっている。新潟県は以前から納豆との縁が深いので、この点からも東日本の食文化圏に属していることになる。ただし、属する食文化圏の違いから佐渡では食べる伝統がなかった。

　家計調査によると、新潟市民の納豆への支出は5,351円で12位であって、全国平均4,368円よりもかなり多い。なお、数量の値がないのは、粘りによって計量が難しいことによるものであろう。

　低温流通システムの発達とともに大手の進出が著しい。そうした中にあって、県内には、数々の受賞に輝く大力納豆（魚沼市）などのメーカーがそれぞれの地域の嗜好に応える製品でもって頑張っている。

　納豆は、ご飯にかけて食べるのが普通であるが、魚沼地方には納豆に刻んだ漬物や野菜を混ぜて調味したもの「きりざい」が伝承されていて、総菜、お茶漬け、酒のつまみなどになっている。これに似たものとして、茨城県には郷土料理百選に選ばれた「そぼろ納豆」がある。

　下越地方には「きりあえ」という似た名の食べ物があり、納豆は入っていないものの、材料や料理法がきりざいに似ており、同じようにして食べられている。

大力納豆（魚沼市）

農林水産大臣賞受賞の白糸納豆（新潟市）

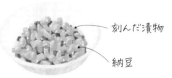

野沢菜のきりざい（南魚沼市）　　刻んだ漬物／納豆

蒲鉾・魚肉練り製品

家計調査での「蒲鉾（かまぼこ）」を含む「魚肉練り製品」の消費金額は、全国の政令都市の上位15位のうち、2位の仙台と5位の富山を除く残り13都市のすべてが西日本に位置している。やはり、蒲鉾は西日本の食文化の一つ

甘海老しんじょう
(竹徳かまぼこ)

うなぎの
蒲焼き風かまぼこ
うな次郎(一正蒲鉾)

だ。なお、仙台市は笹蒲鉾によって、富山市は細工蒲鉾によって消費が多くなっているに違いない。

新潟県の魚肉練り製品の生産量（2020年）は38,053tの2位であって兵庫県と首位を競っている。これに対して、新潟市民の魚肉練製品の消費は8,130円で33位。この生産と消費のギャップは真に不思議であるとともに興味深いものがある。

本来、蒲鉾類は傷みやすいため生産量は少なく、地元消費を主としており新潟も同様であった。しかし、近年になって新潟では、幾多の技術革新・冷凍すり身の登場・「かにかまぼこ」の量産体制化などが相まって、地元消費とは無関係に蒲鉾業界は急成長を遂げることになった。全国的な生産額トップテンに一正蒲鉾（新潟市）・堀川（聖籠町）・伏見蒲鉾（新潟市）の県内3社がランクインしている。

一般的な練り製品の他に、時代や地域性に即した優れた製品も数多く作られている。例えば、新潟市の竹徳かまぼこの「甘海老しんじょう」はジャパン・フード・セレクションで業界初のグランプリを獲得し、一正蒲鉾は「うなぎ蒲焼き風」でもって時代を先取りし、頸城地方の「きくらげ蒲鉾」や「櫛形蒲鉾」などか地域の特産品になっている。

ハス ──蓮根・いとこ煮・蓮の実・蓮糸──

　原産地がインドである「ハス（蓮）」は水生の植物であり、その地下茎「蓮根（れんこん）」を食用にする。明確ではないものの、世界中で日本ほど蓮根を食用にする国や民族は数少ないらしい。

　ハスは北海道を含む全国で栽培されているが、蓮根の生産量は、霞ヶ浦の水郷地帯を抱える茨城県が絶対の１位であって全国の半分以上を占めている。新潟県での生産は多いとは言えないが、「大口れんこん」の長岡市と「五泉美人」の五泉市が著名な産地となっている。前者は2021年に地理的表示（GI）保護制度[*6]に登録され、約１世紀に及ぶ産地形成への努力が報いられている。

　大口地区での収穫の最盛期は正月前の12月、高圧水の注入で根を浮き上がらせる方法により仕事は容易になったものの、寒い冬のこと、その厳しさは察して余りある。

　新潟市での消費は多く、金額1,626円で2位、数量は2,096gで1位であって、長らく金沢市とトップを争っている。見通しが利くということで尊重され、穴のあいた個性的な姿形が珍しがられる。歯切れよくしゃきしゃきとした食感と煮崩れしにくいことから、煮物・炒め物・揚げ物・酢の物など用途が広く、チップにすると、そのユニークな形が喜ばれる。消費の多い金沢や新潟の市民は、一体どんな料理に用いているのであろうか。

大口れんこんの収穫

日本ではまだ身近ではないが、主に東南アジアでは蓮根以外の葉・葉柄・花・種子（実）がいろいろと利用されている。種子はナッツのように食べられ、葉は蓮茶になるとともに日本の粽の笹の葉のように用いられている。花はそのままお茶になるほか、その芳香を移した茶葉も飲まれている。

ハスはまた信心と関連深い。新潟には「いとこ煮」という変わった名前の小豆入りの伝統料理があるが、親鸞聖人が小豆を好まれたという言い伝えから報恩講のごちそうとしてよく作られる。そのとき、小豆のパートナーとしてカボチャやサツマイモもあるが、新潟県内では蓮根を用いることのほうが多い。

また、蓮糸で織ったものと長らく信じられてきた国宝"綴織當麻曼荼羅"は奈良県の当麻寺の本尊であるが、残念なことに、学術調査により絹糸製であり蓮糸は使われていないことが分かった。ところが、ミャンマー産の紫檀などの堅木を現地で技術指導・加工し完成した木製食器などを日本に輸入しているアジアクラフトリンク（新潟市江南区）で、ハス糸製織物の現物に接することができて大いに驚いた。やはり、存在しているのだと。少しばかりごわごわした手触りだ。糸になる繊維は葉柄から抜き出すようにして得られるのだという。

泥水の水面からすっと伸び出たハスの花はその美しさから聖なる花として宗教と結び付き、葉は蓮茶に、葉柄からは糸がとれて織物に、地下茎は蓮根となって食べ物に、さらに種子は食べられる一方で千年も生きているという。真に神秘的な植物だと思う。

ホッコクアカエビ・ズワイガニ・ベニズワイガニ

　漁師が自信を持って季節ごとに推奨できるものとして、各都道府県の漁業協同組合連合会が「プライドフィッシュ」と名付けて選定した水産物がある。新潟県では春の「佐渡のナガモ」、夏の「新潟のノドグロ」、秋の「越後の柳カレイ」、冬の「越後本ズワイ」「佐渡の寒ブリ」「南蛮エビ」が選ばれている。（南蛮エビと本ズワイを除き、それぞれの項を参照。）

　そのプライドフィッシュに選ばれている南蛮エビは「ホッコクアカエビ」という標準和名を持っているが、その甘い味わいから「甘エビ」色や形から南蛮とうがらしを連想して南蛮エビがあり、ところによっては「赤エビ」の地方名があるという。新潟県は、地方名として南蛮エビを推奨しているが、イメージが鮮やかであいまいさのない呼び方として賢い選択だと思う。

　このエビの主な生息域は北陸以北の日本海の水深250〜600m。県内での主な漁場は山北、糸魚川、佐渡沖。エビ籠を用いるのが主な漁法であり、漁期は比較的長く秋から春の寒い季節で、ベストの旬は冬。

　最もおいしい食べ方は刺し身と握りずし、ほどよいサイズ、明るい紅色、ときには翡翠色の卵を抱いている美しさ、甘味アミノ酸による甘さととろっとした食感が申し分ない。身近にこんなにおいしいエビが獲れるのは、何よりも幸せなことだと思う。

　「ズワイガニ」とその近縁の「ベニズワイガニ」の生息水深は前者が250〜550mであるのに対して後者が500m以上であってかなり深い。主に岩船、佐渡、上越沖でかに籠や刺し網などでもって漁獲され、その水揚げ量は後者の方がはるかに多い。旬は両者ともに冬。見たところ大きさは似ており、生のズワイガニはほとんど赤みがないが

ホッコクアカエビ

ズワイガニ

ベニズワイガニ

ゆでることにより鮮やかな朱色になるのに対して、ベニズワイガニは初めから朱色を帯びておりゆでることでさらに鮮やかになる。食べ方の主流はやはりゆでたてを直接食べることに尽きる。

　新潟県のエビ漁の漁獲量は385tの9位（2022年）、カニ類は1986tの5位（2023年）。新潟市民の消費は金額数量で、エビは2,742円で31位と1,422gで20位、全国平均3,015円と1,325g、カニは1,234円、387gで29位と24位、全国平均1,617円と349g。いずれの値もほぼ全国平均に近い。

年取り魚・ブリ・ぶり大根・ブリカツ丼

　一年の始まりの正月にはごちそうを食べたい。それも日頃食べているイワシやニシンなど小物の塩物や干物でなく無塩で大形の魚を、という願いから「年取り魚」が生まれ、縁起を担いで"栄える"との語呂合わせによって「サケ」が、成長に従って名前が変わることから"出世魚"とされている「ブリ」が選ばれた。両者ともに大形で姿形が良く、その上、正月のある冬が旬であることも幸いした。何しろ、冷蔵施設のない時代、こうした大形の魚を生で取り扱うことは寒い季節でしかできなかった。

　日本の食文化は大きく東西に二分され、両者を分けるラインは、おおむね佐渡島の東から新潟県西部と長野県を縦断し静岡県西部に至っている。そのラインを分ける象徴となったのが東のサケと西のブリという年取り魚。県内では越後の大部分がサケ圏に属し、佐渡と頸城西部がブリ圏に属している。しかし、全国すべてがこのように単純明解ではなく、他の魚の場合も少なくない。例えば、上越市を中心とした地域では「サメ」が、長野県の佐久地方では「コイ」が年越し魚になっている。

　師走のころ、佐渡島での寒ブリ漁のニュース、特に、両津湾の大謀網での豪快な漁獲の映像を見ると、今年も日本海に冬がやってきたのだと、しみじみ思う。本来、暖海を好むブリは温暖な時季に餌を求めて北部海面を回遊しているが、真冬を目前にして南下する。それを日本海で一番最初に佐渡沖で漁獲されたのが「佐渡の寒ブリ」で、新潟県のプライドフィッシュになっている。

　ブリは成魚で体長1mになる大形のアジ科の回遊性海水魚。大食いで成長が早く、その成長に従って周知の名前が付いているのは、どの段階でも有用な魚とみなされているからに違いない。その名前は各地

佐渡天然ブリカツ丼

で異なっており、例えば佐渡ではズンベ・イナダ・フクラギ・ワラサ・ハマチ・ブリの順だという。用途は、刺し身・すし・塩焼き・照焼き・煮物・しゃぶしゃぶなどで幅が広い。

　その上、料理することで出るアラを大根と一緒に煮る伝統の料理「ぶり大根」は、こってりと脂ののったブリにみずみずしい冬大根という旬同士の組み合わせは至福の味わいを生み、人々に厳しい冬の寒さを忘れさせてくれる。

　近年2010年に佐渡島で誕生したブリのカツ丼が急速に浮上してきている。正式名称が「佐渡天然ブリカツ丼」とのことで、この名称を謳(うた)うには、佐渡産米の米粉を使った衣で揚げた天然ブリのカツをトビウオ（あご）だし入りのしょうゆだれにくぐらせ佐渡産米のご飯の上にのせたもの、という基準が設けられている。さくさくとして歯切れの良い食感のおいしさは、魚肉共通の特質によるものであって、老若男女、広い世代に好まれるに違いない。

　新潟県でのブリの漁獲量は1062t（2021年）全国19位。新潟市民の消費は金額数量の順で2,766円の32位と1,696gの20位、ほぼ全国平均の2,846円と1,427gなみだ。ところで、これらの値をサケ（P173）と比較してみると、新潟県の大方は西のブリ食文化圏ではなく東のサケ食文化圏に属していることを思い知らされる。

イカ・タコ

　イカの漁獲量は日本海側で多く、日本海の味を代表する魚介類の一つになっている。新潟県下では、「スルメイカ」と「ヤリイカ」が主力であって、イカ全体の漁獲量は865tで17位（2021年）。

　スルメイカは、主に佐渡沖や岩船沖の5～7月の夜に集魚灯を使って一本釣りされる。夏の佐渡には観光客が多い。イカ漁の漁り火といか干しの状景も記憶の中の土産になっているものと思われる。また、定番料理の「いか素麺」には獲れたてのスルメイカが出番となる。

　ヤリイカは冬から春にかけて、主に網漁でもって県内各地の浅海で獲れる。程よい食感に甘味と旨味を持っているので刺し身やすし、煮物などに向いている。

　タコは頭足類に属しイカと仲間同士。県内では主に佐渡で「ミズダコ」がタコ箱で漁獲されている。本来は沖合の海底に生息しているが、冬の産卵期に沿岸の浅瀬に移動してくるのを獲るので冬が旬となる。売られているもののほとんどがゆでたものであって、それを刺し身、酢だこなどにする。真冬の風物詩であった新潟市西区五十嵐浜のゆでたミズダコの路地売りの話が、近ごろ話題に上らなくなっている。途絶えたのであればさびしいことだ。

　家計調査によれば、イカの消費は日本海側の道府県で明らかに多く、新潟市民の消費は金額数量は12位と6位で多い方だ。タコは32位と31位であって多くない。ちなみに、タコの消費の1位は金額数量ともに大阪市であって、「たこ焼き」にするのが多いのであろう。

スルメイカ　ヤリイカ　ミズダコ　ゆでたミズダコ（新潟市）

サメ・煮こごり

軟骨魚の一種である「サメ（鮫）」は"わに"とか"ふか"の異名を持っている。概して凶暴な魚として知られているが、食べ物としてはあまりなじみ深い魚ではない。

ネズミザメ

サメの皮を細かく刻んで煮て、固める

煮こごり

食材としてのサメ肉は腐れにくい、という特質を持っている。それは体内に特異的に多く含まれている尿素などの成分の働きによるものだという。生のサメは、冷凍技術が未発達のころ、塩物でも干物でもない生物（なまもの）として海から遠い地域で珍重され、特に年取り魚にする地域が東北地方や本州の日本海寄りの山間部などに広く分布していた。今日でも、広島県の山陰寄りの山地・備北（びほく）地方の「わに料理」は有名であって、サメ肉の刺し身は正月などのハレの日のごちそうになっている。

ところが、県内の上越地方でも江戸時代から正月にサメを食べる習慣があり、現在に至っている。毎年12月27日には魚市場で宮城県気仙沼（けせんぬま）から直送されてきたサメ（主にネズミザメ）の競りが行われる。正月料理として、多くは煮物やフライにされるが「煮こごり」もまた欠かせない一品となっている。

煮こごりの作り方の一例、湯通ししたサメの皮のザラザラした部分をすり落として除いてから刻み、調味液で煮込んでからショウガ汁を加え、型に入れて固める。ゼラチンゼリー独特のつるんとした食感が何よりもおいしい。

タラ・スケトウダラ・たら子・ たらの沖汁・棒だら

「タラ（鱈）」というとタラ戦争（Cod War）を思い出す。Cold War（冷戦）をもじってタラ（cod）から半ば冗談に名付けられたものだが、20世紀中ごろにアイスランドとイギリス両国間で起きた北海上での漁獲上の境界ラインに関する紛争。起因はタラにあって、特に漁業を主産業とするアイスランドにとっては譲れないものであったはずだ。世界各国は、この紛争を契機にして200海里排他的経済水域を設定するようになった。

タラ科の魚、マダラとスケトウダラは寒冷の深海底を縄張りとし、産卵期は冬から早春で、旬は冬。2者ともに肉質がやわらかく鮮度が落ちやすい。県内では、主に北越後沖と佐渡沖で獲れる。

やわらかくて脂の少ないマダラの白身はくせがないことで各種の料理に向いている。しかし、足が速いのが難点であって刺し身には向かないとされているが、例年2月に佐渡島東海岸の多田漁港で開催される「まっさき食の陣」では、超新鮮ということでその刺し身を売りにしている。

冬には体が温まる鍋料理がよく似合う。そのとき、他ではなかなか味わえないとろりとした食感のマダラの精巣「白子」の出番となる。しかし、卵巣の「真子」も決して引けをとらない。袋状のまましょうゆとみりんで煮付けたものを輪切りにして食べる。能登半島の名物になっている。

新潟県の伝統料理の一つに「たらの沖汁」がある。もともとは佐渡の漁師の船上料理であって、スケトウダラが主役。ぶつ切りの身をみそで煮込んでネギを放したくらいの素朴なもので、富山の「たら汁」、山形の「どんがら汁」、青森の「じゃっぱ汁」は同系統のもの。似た風

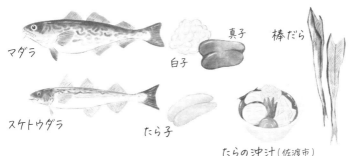

たらの沖汁（佐渡市）

土と同じ食材からは、どこか共通する料理が生まれてくる。

　今日では、スケトウダラは身よりも卵巣の「たら子」の方が大事にされており、身の方は、ほとんどが蒲鉾用のすり身か乾燥して棒だらにされる。棒だらは全国各地において貴重なタンパク源となる保存食であったが、今日では、一旦水で戻す手間の煩雑さと煮てもなかなかやわらかくならないことなどから、利用が少なくなっている。

　魚沼地方の郷土料理「棒だらの甘煮」を作る家庭が減少していることから、丸魚魚沼水産（小千谷市）はその甘煮をほぐしてフレーク状にしたものを製造販売している。魚介の身をフレーク状にほぐすことは、すでにサケなどで行われているが、当然のこと小骨などの異物の除去も伴うので、特に高齢者や幼児などにとってありがたいものになる。また原料の姿形がなくなることで新資源の開拓も期待でき、今後の水産加工の一つの方向と考えられる。

　なお、佐渡では棒だらのことを「かたせ」と呼んでおり、エビ芋と棒だらが出会って、京都の名物料理「いもぼう」が生まれた。

　家計調査による、たら子への支出金額1位は福岡市であって辛子明太子のためであろうか、飛び抜けて多い。次いで東北勢が大部分を占め、新潟市も多い方であって金額数量で2,860円、950gでともに5位で全国平均（2,087円・626g）よりかなり多い。家計調査にはタラやスケトウダラ単独の消費データはない。

マガキ・イワガキ

「カキ（牡蠣）」はオイスター、世界の人々が愛してやまない。

ところで、我々はカキの何を食べているのか、考えたことがあるだろうか。貝の幼生が岩やカキ棚などに着生して以降、カキは一生動かないので筋肉の大部分が退化してしまい、食べる部分はほぼ内臓ばかりということになる。同じ二枚貝でも、筋肉を食べるホタテ貝とは大きく違っている。

カキといえば、冬の「マガキ」と夏の「イワガキ」を指すが、同じマガキ属であるが種が違う。県内では、マガキが佐渡の加茂湖と真野湾で養殖され、旬は冬の1〜3月。例年3月に両津と沢根地区でかき祭りが行われている。天然のイワガキは村上市の笹川流れが主要産地で、6〜8月の夏が旬。この景勝の地にある多数のレストランで夏の味覚を味わうことができる。なお、糸魚川の海岸でも漁獲されている。

カキはRの付かない5・6・7・8月には食べない、という言い伝えがあるが、これは産卵期の夏は身が痩せてまずいことと高気温による食中毒を避けるための知恵と考えられる。しかし、このことは夏が旬のイワガキには当然ながら当てはまらない。

新潟県の養殖ガキの出荷量は646t（2021年）で全国11位。新潟市民の消費は金額数量629円で32位と、278gで34位と全国平均値（807円、438g）よりもかなり少ない。ちなみに、金額数量ともに1位は広島市民で、数量は新潟市民の約4倍になる。

イワガキ

マガキ

のどぐろ・やなぎがれい

　「のどぐろ」という魚の標準和名はアカムツ。多くの人は、これがあののどぐろかと言って口の中をのぞき込み、その黒さに納得する。

のどぐろ

やなぎがれいの干物

　アカムツは主に日本海側の新潟県以西で漁獲される魚であり、この地域での呼び名がおしなべて"のどぐろ"であるのが面白い。

　赤い色と整った姿は見栄えよく、適度に脂がのった白身が殊の外おいしいので、刺し身・すし・煮物・焼き物などすべてに合う。旬は冬であるが、高級魚としては珍しく漁期が長い。新潟県では中越沖でよく漁獲される。

　新潟で言う「やなぎがれい」、和名ヤナギムシガレイは北海道以南沿岸の砂泥底に棲息し、県内では北越後の沿岸でよく獲れる。旬は冬であるが、年間を通じて高級魚として流通している。白身で味は淡白、刺し身や焼きものだけでなく、干すことで新たな風味が生まれる。さっと炙った一夜干しに出会うと、これで一杯それも新潟の酒で、と願いたくなるに違いない。

　新潟県のアカムツの漁獲量は約80t（2019年[*12]）。ヒラメの漁獲量（2019年）は285tで8位。家計調査の新潟市民のカレイの消費は金額数量で12位と7位であって、全国平均よりもかなり多い。アカムツ単独の消費データは見当たらない。

アンコウ・あんこう鍋

「アンコウ（鮟鱇）」はタラ類と近縁で、海深100〜400mに棲む深海魚同士で何となく似たところがあり、独特のグロテスクな姿形が印象深い。

アンコウ

　新潟県内での主な漁場は県北と糸魚川沖で、旬は12月から3月の冬。その姿そのままでお目にかかることはほとんどないのは、獲れたものがすぐに営業用に回されるためであろう。体にうろこがなく、ぬるぬるしていて切るのが難しいので、「つるし切り」という独特な方法で切り分けられる。七つ道具などと称して骨を除く残りのすべてが食べられるという。肝臓が「あんきも」の名で尊重されるのは当然としても、えらやひれまで食べるのには驚くばかりだ。

　冬の鍋料理に最もよく合う最高の材料として、糸魚川市では、毎年1月下旬から2月上旬にかけて「糸魚川荒海あんこう祭り」が開催され、つるし切りの実演、あんこう鍋の提供などが行われる。あんこう鍋のレシピの一例。肝をだし汁・みそ・みりんなどとすり合わせてから鍋の中へ、次にあんこうの各部位・白菜・春菊・きのこ・しらたき・焼き豆腐を入れて煮込む。

　アンコウは量的にマイナーのためか、漁獲、消費ともに確たるデータが見当たらない。

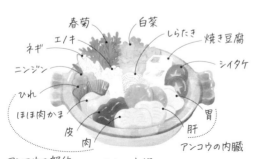

塩引き鮭・酒びたし・氷頭なます・はらこのしょうゆ漬・鮭の焼き漬・鮭茶漬

　日本国内で、食文化でもって旅人を引き付けている所は多くない。その数少ない一つが村上の町だと思う。冬、村上の町屋の軒先に、たくさんの「塩引き鮭」が頭を下にしてつり下げられているのを見かける。この鮭を見て、いろいろのことが頭に浮かぶ。

　まず一つ目は、高橋由一描く"鮭"の絵。鮭が頭を上にしてつり下げられて

高橋由一の「鮭」より　村上の塩引き鮭

おり、切り取られた肉や皮膚の質感が真に迫っている。これを見て、頭の上下が気になる人はかなりこの道の通だと思う。一般には頭を上にして干すので、村上の逆のやり方は独特ということになる。

　二つ目が、スペインの市場で見かけた、ぶら下がっている大きな肉の塊、生ハム「ハモンセラーノ」。塩漬けした白豚のももの塩を洗い落とした後、つり下げて約1年間、低温ぎみに乾燥させながら熟成させて出来上がるのだという。店で注文すると薄くそぎ切りにしてくれる。一方、塩引き鮭の方は、内臓を取り除いて水洗した鮭に塩をすり込み1週間ほどおいた後、再び水で洗って塩分を調整し、つるして寒風にさらしながら乾燥、熟成させる。このように、塩引き鮭とハモンセラーノ、製品になるまでのプロセスがよく似ており、鮭と豚の違いはあるものの、ゆっくりと低温で熟成したものに共通する何ものかがあるようだ。この塩引き鮭は熟成途中で色々な料理の材料となるが、最後は「酒びたし」となって7月の村上大祭とそれ以降のごちそうになる。この名前は、スライスした塩引きの身を酒に浸して食べること

村上市の町屋の軒下につるされた鮭

に由来するという。

　三つ目が、「新巻鮭」とはどう違うのかという疑問。大きな違いは、塩加減と塩抜き後の貯蔵環境にあるようだ。干すという過程において、熟成によって香味成分が生成し凝縮されてくるので、当然のことながら、低塩分でもって寒風の中でじっくりと干し上げる塩引きの方が食味が向上する。対して、新巻鮭は濃い目の塩分と低温で貯蔵するもので保存に重点がおかれており、新鮮さは維持されていても熟成の香味は期待できない。

　四つ目は、鮭の「母川回帰」の習性を世界に先駆けて見いだしたという青砥武平治のこと。この人については、幸いにして、市内にあるイヨボヤ会館で学ぶことができるが、真に観察力が抜きん出た人であったのだと思う。

　ところで、村上で正月の鮭料理として忘れることができないものに「氷頭なます」がある。鮭の鼻先の軟骨部分、すなわち氷頭を薄く切ったものに大根おろしや柚などとともに甘酢で和えた料理で、多くの場合上にイクラを散らす。こりこりした独特な食感が特徴的で、イクラの紅色も美しく、骨まで愛するユニークな食べ物だ。

　ほぐしたイクラ、すなわち鮭の卵を調味したしょうゆに漬けた「は

らこのしょうゆ漬」はこの地方伝来の料理であって、熱々のご飯にのせて食べる、これこそ至高の味わいだ。今では、県内各地で作られ、氷頭なますと同様にかなりポピュラーなものになっている。

酒びたし
はらこのしょうゆ漬
鮭の焼き漬
鮭茶漬

「鮭の焼き漬」も村上地方の伝統料理。焼いた鮭の切り身を調味したしょうゆに漬け込んだもので、そのまますぐに食べられるのが真にうれしい。近年、この焼き漬が各地で作られるだけでなく、他の魚種にまで及び始めている。何しろ、狭い空間で魚をうまく焼くのは結構難しい。

「鮭茶漬」は鮭の身をほぐして調味したもの、お茶漬にすると最高の味わいとなる。脂ののったキングサーモンにこだわって作る加島屋(新潟市)の看板商品であり、新潟の鮭加工のレベルの高さを世間に周知させた功績は大きい。

新潟県内のサケ・マス漁獲量は196tで全国5位(2019年)、主な水揚げ地は村上市・新潟市・糸魚川市など。

新潟県の越後側は、鮭との関わりが深い東日本の食文化圏に属しており、現に、新潟市民の鮭の消費は少なくない。生鮭の消費は金額数量で6,381円と3,475gでともに2位(1位は金額数量ともに札幌市)で全国平均値(4,992円、2,363g)よりもかなり多い。塩鮭は5,035円と3,147gで金額数量ともに1位であり全国平均値(2,221円、1,240g)をはるかに超えている。さらに、生鮭と塩鮭とを合計してみると金額数量ともに1位になる。

すし —— 鮎のすし漬・飯ずし・にしんだいこ・ほっけずし・
押しずし・笹ずし・笹箕ずし・握りずし・からずし・巻きずし ——

　今日、すしと言えば「握りずし」が主流、それも時には回転しなが
らやってくる。「すし（鮨）」と一口に言っても、長い歴史を背景にし
て様々なものが全国に伝承されている。おいしい米と日本海の魚介に
恵まれて、新潟県のすしは昔も今も豊かである。

（1）鮎のすし漬

　すべてのすしのルーツとなるのが「馴れずし」、その代表となるの
が滋賀県の「鮒ずし」であって、くせのある味と匂い、それに高価で
あることでも名高い。琵琶湖産ニゴロブナを米飯と一緒に漬け込んで
一年ほど置く、この間に様々な微生物が関与して乳酸などの酸味と独
特の香味が生ずる。腐敗しやすい魚を酸性という環境下で保存すると
いう先人の知恵の結晶であるが、これでは時間がかかり過ぎる。それ
に一種独特の匂いが気になる。

　この馴れずしに近いものとして上川村（現東蒲原郡阿賀町）に伝
承されてきた「鮎のすし漬」の作り方を、現地でお聞きした次第を紹
介する。夏の終わりごろに獲れた鮎を塩漬けしておく。10月末から
11月初めごろに塩出しした鮎に、ほどよく塩味を調えたご飯とサン
ショウの葉の3者を交互に重ね、最上段に笹の葉と重石をのせる。上
がってくる水が適量あるように重石の加減を注意しながら冷暗所に置
くと、正月に食べごろを迎える。頭も骨もやわらかくなり、ほどよい
酸味と独特の香りが魅力的で、新年の何よりのごちそうになる。

（2）飯ずし・にしんだいこ・ほっけずし

　次に、米麹を使うことで熟成を早めたものとして、岩船の「飯ずし」
がある。村上市・塩谷の奈良橋醸造で伺った作り方では、正月の15日
から20日ほど前に作り始める。すし桶の底に笹の葉を敷き、酢や塩

鮎のすし漬

飯ずし

ほっけずし

にしんだいこ

で調味したご飯と米麹を合わせたものにダイコン・ニンジン・鮭・数の子を刻んだものにイクラを混ぜてユズを散らし、再び笹の葉をのせる。これを繰り返し、最後に笹の葉・押しぶた・重石の順にのせて涼しい場所に置き、押しぶたの上に澄んだ汁がいつもあるように気を使いながら、正月に間に合うように出来上がるのを待つ。

　この他、魚沼地方にはご飯と米麹と魚で作る「にしんだいこ」や「ほっけずし」が伝承されている。材料が身欠きニシンや塩ホッケに替わるが作り方は飯ずしとよく似ており、やはり正月のうれしいごちそうになる。

(3) 押しずし・笹ずし・笹箕ずし

　頸城地方には笹の葉を使う「押しずし」があり、大きく分けて2系統が伝承されている。

　一つ目は、頸城でも平場の方で作られるもので、名前は素直に「押しずし」、田植えやお盆などの大事なごちそうとなる。そのために家ごとに専用のすし箱が用意されていたので、昔から続く家であれば、どこか家の片隅にそれを見いだすかもしれない。そのすし箱の底に敷いた笹の上にすし飯を平らに押し付けて具をのせ、再び笹・飯・具を

繰り返す、最後の笹の葉の上に軽く重石をのせる。しばらく置いて、箱から取り出して食べやすいサイズに切り分けていただく。段数は別に決まっていないという。

　ある福祉施設で、このすしを再現して入所のお年寄りの方々に食べてもらい、大変喜ばれたという話を聞いたことがある。懐かしく記憶されている人がまだまだおられるのだ。

　二つ目は、西の頸城に伝承されているもので、「わらじずし」の別名があるように一枚ごとにすし飯と具を盛った笹の葉を並べて押して作る「笹ずし」。農水省の農山漁村の郷土料理百選（2007年）に選ばれている「笹寿司」がこのものであって、その解説文には"笹寿司は頸城地域に伝わる郷土料理で、笹の葉の上にすし飯をのせ、山菜や川魚などの身近な食材を具に使った押し寿司です。酢飯と抗菌作用のある笹の葉を使うため保存がきき、かつては携行食として利用されていました。"とある。

　この笹の葉一枚ごとのすしに近いものとして、妙高市には笹の葉を箕に似た形にした「笹箕ずし」が伝承されている。

春　夏　秋　冬

(4) 握りずし

　新潟を代表する味覚は何か、と問われたとき「日本海産の地魚の握りずし」を自信をもって候補に挙げる。マグロやタイなどにこだわる人もいるかもしれない。それも悪くないが、こちらもどうぞ、と地魚の方を薦めたい。その時、それぞれの地魚にまつわる何らかのストーリーで味付けしておきたいものだ。

　水揚げの漁港や季節によって異なってくるが、地魚として頭に浮かぶのは、キス・スズキ・マダイ・ノドグロ・カワハギ・ヤリギガレイ・寒ブリ・南蛮エビ・バイ貝・マイカ・ミズダコなどなど、まさに尽きることがない。それに、南蛮エビなどから醸造した特製の魚醤

（P145）が加わる。

（5）からずし

　豆腐作りで、豆乳にならない不溶成分を一般におからと呼んでいるが「うのはな」や「きらず」の名もある。いずれにしてもあまり貴重品扱いした名前ではない。このおからを米飯の代わりにしたすしが、主に中国地方と四国で伝承されている。名前は「唐ずし」「おまんずし」「丸ずし」「あずま」などとにぎやかだが、使う魚介もまたいろいろだという。

　ところが、このすしが新発田で伝承されてきた。内陸にあっても新発田藩は沼垂に自前の港を持っていたので、北前船によって伝えられたものと考えられる。西国はいざしらず、米がたくさん採れる新潟でこうした代替え品が使われるのは、真に不思議なことだと思う。

　作り方の一例を魚国（新発田市）で伺った。まず砂糖・塩・酢でもって調味したおからを炒め、次にアサの実とショウガを加えて再び炒めたものを、あらかじめ酢締めしておいた小魚で巻き、軽く押しをして出来上がる。いろいろの魚介を使うが、一番の人気は小鯛とのこと。甘酸っぱい味、ショウガの香り、アサの実の歯触りが一体となって素朴で楽しい味わいになる。お盆のころの夏の食べ物とされてきたが、近ごろでは通年となり正月にもよく売れるという。

（6）巻きずし

　「海苔巻きずし」、特に「太巻きずし」は比較的作りやすく、おいしい上に見栄えがするので、ハレの日のごちそうとして県内で広く各家庭でも作られてきた。かんぴょう・卵焼き・シイタケ・キュウリなどが基本の具となるが、新潟の特徴として必須の甘く煮たクルミがある。それに近ごろでは、カニ風味蒲鉾も不可欠になっているかもしれない。その他、佐渡の外海府地域には、通常の海苔に代えてツルアラメで作った海苔で巻く「あらめ巻きずし」が伝承されているという。伝えていきたい貴重な一品だ。

あとがき

　本書の執筆は容易ではありませでした。前書の『食は新潟にあり』の改訂が必要だと思いながら、そのうちに、そのうちにを繰り返しているうちに、気付いたときには超高齢となっていました。しかし、新潟の食の豊かさを新しい立場から紹介したいものだという一念でもって、どうにか出版までこぎつけることができ、感慨無量という気持ちで一杯です。

　本書を書き上げてみての感想を一口で言えば、前著を刊行してから十数年を経過しているため、その内容はかなり入れ替わってはいるものの、「食は新潟にあり」は間違いない事実であり、大事にしていきたいフレーズである、ということです。それに関連することですが、昨今、新潟の食についての知名度がかなり向上しているようで、大変うれしく思っています。

　ところで、何事も独力でできることには限界があるのだと、常日頃思ってきましたが、この歳になってみるとその思いはさらに膨らんできます。本書も同様であって、多数の人々から並々ならぬ支援をいただいて出来上がったものです。関係してくださった方々は、それこそかなりの人数となりますので、改めてここで深く謝意を表させていただきます。

　特に、各種の統計資料の収集や解析に協力していただきました新潟県立大学健康生活学部の立山千草教授に、災害食に関してご教示いただいた日本災害食学会の別府茂副会長に、ハス糸とその織物について現物でもって解説していただいたアジアクラフトリンクの斎藤秀一理事長に謝意を表します。

　本書の刊行はニールの髙橋真理子さんの後押しで踏み切ったものであり、さらに季刊誌・新潟発Rの編集で蓄積された経験に基づく有益なアドバイスおよび資料や写真を提供していただきました。大浜綾子さんには前書と同様にイラストを描いてもらいました。食べ物の質感が前書に勝ってよく表現されるとともに細かいところまで正確に描かれています。

　お二人の的確な連携によって、読んで見て楽しく内容があるものが出来上がったのだと、感謝しています。さらにこの本を、美しく読みやすい書籍に仕上げていただいたデザイナーの戸坂晴子さんに謝意を表します。

　最後に私事ですが、高齢による難聴に加えて足腰が弱っている私の耳となり足となってくれました三男の土屋昇・いせ子夫妻に心から有り難く思っています。

　2024年12月

　　　　　　　　　　　　　　　　　　　　　　　　　本 間 伸 夫

本書の注釈解説

以下の解説は本文中の注釈番号に対応しています。解説最後の 〈P〉 は掲載ページです。

*1 聞き書・日本の食生活全集

　農山漁村文化協会（農文協）から1982年〜1993年に出版された全集で、都道府県47巻、アイヌ編1巻、索引2巻の計50巻。農山漁村と都市部を含む全国の日本人の1930年前後における食生活について、1980年代前半に実際に携わった人から直接、聞き書きしたもの。日本人の食生活を全国的に組織的に記録した唯一のものといえる。……………〈P14地図・P15・P23・P34・P42・P146・P153地図〉

*2 JAS

　Japan Agricultural Standards の略称。「日本農林規格」のことでJAS（ジャス）法と呼ばれることが多い。農林水産物資およびその加工品の品質を保証する規格で、JASマークの表示ができる。………………………………〈P36〉

*3 『決定版 天ぷらにソースをかけますか?』

　著者は野瀬康申（のせやすのぶ）、ちくま文庫（筑摩書房）。………………〈P37〉

*4 地域団体商標

　地域の産品等について、団体とその構成員の地域ブランドとして保護活用することにより地域経済の活性化を目的とする制度で、地域名＋商品名等からなる文字商標。県内では2024年現在、越後味噌、新潟清酒、新潟茶豆が登録済み。………………………〈P41〉

*5 齋民要術（せいみんようじゅつ）

　中国・北魏（ほくぎ）（386-535年）の時代、賈思勰（かしきょう）により書かれた農畜産業・醸造・食品加工・料理などの技術書。世界最古の食品加工関連の書と言われている。田中誠一・小島麗悦（こじまれいえつ）・太田泰弘による同名の編訳書（雄山閣、1997年）がある。……………………………………〈P51〉

*6 地理的表示（GI）保護制度

　その地域ならではの自然的・人文的・社会的要因の中で育まれてきた品質・社会的評価等の特性を有する産品の名称を、地域の知的財産として保護する制度。産地と結びついた品質が保証され、GIマークが使用できる。GIは Geo-

graphical Indication の略称。所管は農林水産省。県内では、くろさき茶豆（新潟市、2017年）、雪下にんじん（津南町、2019年）、大口れんこん（長岡市、2021年）、新潟清酒（新潟県、2022年）。………〈P63・P117・P147・P158〉

*7 ブルーカーボン

　Blue Carbon とは、CO_2 やメタンなどに起因する地球温暖化の問題として、海藻・マングローブ林・沿岸塩性湿地などのブルーカーボン生態系に取り込まれた炭素を指す。なお、地上植物を対象とした場合は Green Carbon となる。……………………………………〈P68〉

*8 プライドフィッシュ

　Pride Fish は "自慢の魚" とでも訳すことができる。詳細はP160参照。………〈P70〉

*9 災害食

　世界的に必要性が増加している災害食の規格化について国際標準化機構（ISO）において、日本が提案した「災害食の品質基準」が規格検討項目として承認された。日本災害食学会の「日本災害食認証制度」などが下地になっていると考えられる。なお、ISO（International Organization for Standardization）は国際的な流通を円滑にするため、世界共通の標準規格の制定を目的とする機構。………〈P114〉

*10 アンケートデータ

　出典は新潟日報「ふれっぷ」No.33。………………………………〈P130〉

*11 サードプレイス

　アメリカの社会学者レイ・オルデンバーグが著書『The Great Good Place』（1989年）の中で述べているもので、第1の場所・職場（学校も含む）と第2の場所・家庭から離れストレスから解放され息抜きと交流ができる第3の場所が今日の社会において必要であると提唱している。………………………………〈P136〉

*12 アカムツの漁獲量

　出典は水産研究・教育機関『令和2年アカムツ日本海系群の資源評価』。………〈P169〉

さくいん

あ

R10プロジェクト	90
あいこ（ミヤマイラクサ）	13
アイスクリーム	45,56
合挽肉	77
アオサ	68
赤塚スイカ	60
赤塚大根	142
赤ナシ	112
アカムツ	169
アカモク	69
あく（灰汁）	24
あく巻き	24
アケビの芽	14
揚げ麩	34
あご（トビウオ）	75
あごだし	75,124,163
アザキ大根	124
小豆	96
アスパラガス	57
アスパラ菜	10
油揚げ	42,152
阿房宮	106
甘海老しんじょう	157
甘酒	51
アマノリ類	70
鮎の石焼き	72
鮎のすし漬	174
新巻鮭	172
アラメ	69
あらめ巻き	69
あられ	21,23,101
栗飴	132
アンコウ（鮟鱇）	170
あんこう鍋	170
あんころ餅	151
アンチョビ	144
あんぼ	94

い

イカ	164
いか栗団子	96
いか素麺	164
いごねり	71
飯ずし	174
イシモズク	70
イシル	145
板あらめ	69
板餅	148
イタリアン	128
イチゴ（苺）	18,23
苺大福	23
イチジク（無花果）	110
一夜酒	51
いとこ煮	159
イナダ	163
稲庭うどん	88
イノシシ	140
いばら団子	29
いぶりがっこ	80
芋こ煮	98
いもジェンヌ	99
いもぼう	167
いも名月	63

う

いも餅	149
伊夜日子大神	88,122
イワガキ	168
イワシ（鰯）の塩漬け	144
岩のり	70
ウイスキー	121
ウコギ	14
淡口醤油	36
うちの郷土料理	94
打ち豆	152
ウップルイノリ	70
ウド	14
うなぎ蒲焼風	157
うのはな	178
ウミゾウメン	70
ウメ（梅）	52
梅酒	53
梅の菓子	53
梅干し	52
うるい（オオバギボウシ）	
	14,76
ウルチ米（粉）	26,84,100
ウワバミソウ（みずな）	14

え

えご	71
エゴノリ	71
えごねり	71
エゴマ	82
江田鎌治郎	122
枝豆	56,62
越後米麹みそ	41
越後白ナス	67
越後杜氏	116
越後のっぺ	41
越後姫	18,23
越後味噌	41
エディブルフラワー	106
えのきたけ	105
エリンギ	105
鉛筆ナス	66
延命楽	106

お

大口れんこん	158
大倉喜八郎	122
大崎菜	10
オータムポエム	11
大手饅頭	58
オオバギボウシ（うるい）	
	14,76
おかき	100
おかき免菓子	30
おきゅうと	71
おけさ柿	109
おこしがた	29
おこし団子	29
おこわ団子	96
押しずし	175
お節料理（おせち）	150
おつぼ	155
おにこじょう（鬼胡椒）	64
おもいのほか	106

か

おやき	94
オヤマボクチ（山ごぼう）	
	23,27,94,123
お六饅頭	59
おろし蕎麦	124
御ゆべし	21
外食	130
海藻	68
貝柱	143
カキ（牡蠣）	168
カキ（柿）	108
かきあえなます	107
柿の種	24,100
かきのもと	106
かぐらなんばん	64
果実酒	118
カシワ	29
柏餅	29
粕漬け	142
カステラ	92
数の子	142,175
カタクチイワシ	144
かたせ	167
かた団子	29
カップ麺	88
かにかまぼこ	157
カブサイシン	64
かまぼこ（蒲鉾）	
	98,105,150,157
カマンベールチーズ	38,102
カモ（鴨）	141
賀茂なす	67
かもん!カモねぎまつり	141
カヤの葉	29
カヤの実	44
かや巻き団子	29
からかさいも	98
辛子巻き	143
からずし	178
辛味大根	124
華麗舞	87
カレー	127,130
カレー粉	130
カレーラーメン	130
カレーライス（ライスカレー）	
	78,130
カレールウ	130
川上善兵衛	122
川渡御	54
川流れ菜	11
カワラケツメイ	50
かんころ餅	149
寒晒粉	32
かんずり	64
元祖味噌饅頭	58
元祖明治饅頭	59
コーヒー	160,162,177
甘露梅	53

き

キウイフルーツ	138
気温の日較差	57
きくらげ	105

き

きくらげ蒲鉾	105,157
キス	177
北前船	28,34,142
喫茶店	135
帛乙女	98
牛こ	104
乙まんじゅう	58
木の芽	14
ぎばさ	69
牛肉	77,130
郷土料理百選	153,156,176
京番茶	49
魚醤	145,177
魚肉練り製品	157
きらず	178
きりあえ・きりざい	156
きりたんぽ	82
切干大根の辛子巻き	143
キンシウリ（そうめんかぼちゃ）	
	41
菌床栽培	104
巾着なす	66
ぎんばそう	69

く

クサソテツ	14
草餅	22
櫛形蒲鉾	157
鯨肉・鯨汁	76
屑米（くずまい）	94
クマ（熊）	140
雲がくれ	33
栗かん	132
グルテン	34,90
グルテンフリー	91
車麩	34
グレーンウイスキー	121
クレソン	12
くろさき茶豆	62
クロモジ入り珈琲	135
くろ羊かん	32
燻製	80

け

継続団子	133
ケチャップ	20,37
けんさん焼き（けんしん焼き,	
けんさ焼き,けんちき焼き）	93
けんさ焼おこげ煎餅	93

こ

コイ	162
濃口しょうゆ	36
高アミロース米	92
紅菜苔	11
香水	112
紅茶	134
ゴーダ（チーズ）	38
コーヒー	56,134,177
こがねもち	87
こくしょう	155
こごみ（クサソテツ）	15
コシアブラ	15
こしいぶき	85
越淡麗	117

181

越の梅 52
越のかおり 92
越の紅 99
越の雫 111
越の丸なす 67
こしのめんじまん 92
越乃雪 32
コシヒカリ 84
越王おけさ柿 109
こにもの 155
五百万石 117
昆布巻き 150
小松菜 10,17,151
ゴマフグ 74
小麦粉 94
米 84
米粉 27,29,30,90,94,96,100
米麹みそ 40
米粉ケーキ・米粉麺 92
米粉パン 90
米百俵 30
コンブ 69
ごんぼっぱ 27,124

さ
サード・プレイス 136
災害食 134
菜心 11
坂口謹一郎 122
肴豆 62
酒びたし 171
酒米 117
酒饅頭 58
砂丘(地) 57,60,112,142
砂丘スイカ 60
砂丘桃 113
桜鯛 46
酒 36,42,74,116,169,171
鮭(サケ) 40,42,150,153
162,163,167,171,175
酒粕 142
鮭茶漬け 173
鮭の焼き漬け 171
笹(ササ) 27,28
笹飴 132
笹蒲鉾 157
笹神なす 67
ササゲ 96
笹ずし 175
笹団子 27,124
ササニシキ 85
笹寿ずし 176
笹餅 28
ざっこくびら 155
サツマイモ 56,59,99,149,159
63,98,124,152,153
さど乙女 109
佐渡番茶 49
佐渡みそ 40
佐野喜三郎 88
サメ(鮫) 150,162,165
サラミ 80
サルトリイバラ 29
山海漬 142
三角油揚げ 42

三角粽 24
サンショウ(山椒) 14,172,174
三条カレーラーメン 127
サルナシ 56,138

し
しいたけ(椎茸) 104,178
ジェラート 56
塩引き鮭 171
塩ホッケ 175
シカ(鹿) 140
自給率 86,90
ししとう 64
しどけ(モミジガサ) 13
地鶏 79
ジネンジョ(自然薯) 97
地ビール 116
ジビエ 140
ジビドロカブサイシン 64
しめじ 104
ジャガイモ 64,76,84,99
JAS(日本農林規格) 36
じゃっぱ汁 166
ジャンボ油揚げ 42
十全なす 67
十割蕎麦 123,125
ジュニパーベリー 122
ショウガ 127
蒸気パン 54
焼酎 51,53,99,116
縄文お焼き 144
しょうゆ(醤油) 36,58,68,96
129,143,151,163,166,172,174
しょうゆおこわ 96
醤油饅頭 58
照葉樹林 48
薯蕷(じょうよ)饅頭 98
食用菊 106
植物工場 17
しょっからこーこ 144
ショッツル 145
白子 166
しきーも 99
白根白桃 113
ジン 116
新王 112
新興 112
しんこ団子 26
しんごろう 82
真薯(しんじょ) 98
じんだ 63
新之助 86
じんばそう 63
新美月 112

す
スイートコーン 57,146
スイカ 60
ずいき 98
スイバ(ぎしぎし) 14
スイゼンジノリ 68
スケトウダラ 166
すし 174
スズキ 177
スパイス 64
ズワイガニ 160
スルメ 143

スルメイカ 164
ずんだ 62,63

せ
清酒 51,52,56,59,116,127
赤飯 96
せんぞうぼう 124
せんだん巻 29
煎茶 49
せんべい 45,101
ゼンマイ・ぜんまい煮もん 15

そ
雑煮 150
ソース 36
ソースカツ丼 129
ソーセージ 78,80
そば(蕎麦) 123
蕎麦切り 98
ソバ粉 90

た
タイ(鯛) 46
大海 155
だいこだて 146
たいごろう 29
ダイコン 175
大根蕎麦(蕎麦大根) 125
大天梨 112
鯛めし 46
鯛茶漬け 46
高遠蕎麦 124
たくあん 142
たけのこ汁 15
タコ 164
城之古菜(たてのこしな) 11
ダナー 18
たにな 14
卵とじソースカツ丼 129
タラ(鱈) 166,170
たらの沖汁 166
タラの木の芽 14
玉兎 30
タレかつ丼 129
端午の節句 24,27,28,54
団子 26,28

ち
チーズ 38,102
チーズケーキ 38
チシマザサ 50
粽(ちまき) 24,28
茶 48
茶がゆ 49
茶事 32
中華そば 126
長十郎 112
長生殿 32
チョコレート 44
地理的表示制度 63

つ
突核無(つきたねなし) 109
ツクシ 13,14
漬け菜 152

つなぎ 48,123
燕三条鉄入油珈琲 135
燕背脂ラーメン 127
つぶし豆 152
つぶみそ 41
ツルアラメ 69
ツワブキ 14

て
ディスティラリー(蒸留所) 121
テロワール 117
天神講菓子 55
テングサ 10

と
トウガラシ 64
藤五郎 52
とう菜(薹菜) 10
豆腐 42
とうまる(蜀鶏) 79
ところてん 70
土佐の三助 88
年取り魚 162
ととき(ツリガネニンジン) 13
ととまめ(豆) 153,154
刀根早生 109
トビウオ 75
トマト 20,64
鶏肉 76,77,130,151
鶏の半身揚げ 79,130
とりめし弁当 79
どんがら汁 166

な
ナガイモ(長芋) 97
長岡生姜醤油ラーメン 127
中川清兵衛 122
ナガモ 69,160
ナシ(梨) 112,138
ナス(茄子) 41,64,66,94
なた巻 28
ナチュラルチーズ 38
納豆 156
生ざこうこ 144
生サラミ 80
生ハム 171
生麩 34
並河成資 88
ナムプラー 145
なめこ 104
なめ茸 105
なめぜ 36
馴れずし 174
南高(うめ) 53
南蛮エビ 160,174
南蛮エビ魚醤 145,177
なんばん味噌 64

に
新潟あっさり醤油ラーメン 126
新潟あま茶豆 62
新潟えだまめ盛 63
にいがた地鶏 79
新潟清酒 117
新潟清酒学校 116
新潟せんべい王国 103

新潟大学コシヒカリ……85
にいがたの伝統野菜……63
にいがた和牛……78
新高（にいたか）……112
握りずし……177
肉類消費の東西……77
煮こごり……165
ニシン……162
にしんだいこ……174
煮菜……150,152
二八蕎麦……123
日本海側における東西接点……28
日本酒学センター……116
乳酸菌……39
ニンジン……143,175

ぬ
糠イワシのしょっから煮……144
ぬっぺ……154

ね
ネズミザメ……165
涅槃会（ねはんえ）……26
根曲がり竹……15

の
のっぺ……42,98,150,153
のっぺい・のっぺ汁……154
のどぐろ……160,169,177
能登のお菊……88
飲むヨーグルト……39

は
ハウス栽培……18,152
白雪糕（はくせつこう）……30
白鳳（はくほう）……113
ハス（蓮）……158
ばたばた茶……50
八十里越……82
発酵乳……39
八珍柿……109
薄荷（ニホンハッカ）……55,138
薄荷油・薄荷糖……55
初夢……33
ハバネロ……64
パプリカ……64
ハマチ……163
ハム……78,80
ハモンセラーノ……171
はらこのしょうゆ漬け……172
ハラン……29
はりはり漬……143
半殺し……82
番茶……49

ひ
ピーナツ入り柿の種……101
ビーフン……92
ピーマン……64
ビール……119
ビオレ・ソリエス……111
ひこぜん（ひこぜんに）……38
ピザ……38
微細粒米粉……90,95
ひしお……36
菱餅……22

非常食……114
ビスケット……44
氷頭なます……172
ひでこ（シオデ）……13
一重菊花嫁……107
雛あられ・雛祭り……22,54
日の出……113
ひらたけ……105
平核無（ひらたねなし）……100,109
ヒラメ……169

ふ
麩……34
ふーふーばたばた……94
ふーふーぽんぽん……94
フォー……92
フォッサマグナ……135
ふかしなす……66
フキ……14,94
ふきのとう（フキの薹）……14
ふきみそ……95
福島湯……140
フグの子の粕漬け……74
フクラギ……163
麩ずし……35
豚肉（豚）……76,77,130,171
豚肉加工品……81
ぶっかけ蕎麦……125
葡萄峠……25
太巻きずし……178
ぶなしめじ……104
鮒ずし……178
ふのり・ふのり蕎麦……123
プライドフィッシュ……160
ブリ（鰤）……150,160,162
ぶり大根・ぶりカツ丼……162
ブルーカーボン……68
プロセスチーズ……38

へ
米菓……21,32,100
ベーコン……78
へぎ蕎麦……125
ベニズワイガニ……160

ほ
焙じ茶……49
包装餅……149
棒だら……166
棒だらの甘煮……167
蓬莱柿……108
ほうれん草……16
干し菜……152
干し海苔……69
母川回帰……171
ボタニカル……122
押しずし……174
ホッコクアカエビ……145,160
ぽっぽ焼き……54
ポポー……56
ホンダワラ……69

ま
マイカ……177

まいたけ……105
マガキ……168
巻きずし……178
曲げわっぱ……73
真子……166
桝井（ますい）ドーフィン……110
マスカット・ベーリー A……116
マダイ……177
マタタビ……138
マダラ……166
マヨネーズ……37,102,131
丸餅文化圏……151
饅頭……58,94
まんじゅう麩……34

み
身欠きニシン……175
ミカン（蜜柑）……111
三国街道（峠）……54
ミズ……13
水かけ菜……10
ミズダコ……164
みずな（ウワバミソウ）……14
水餅……148
みそ（味噌）……21,27,40,151
みそ漬け……38,41
ミヤマイラクサ……14

む
むかご……97
無菌包装米飯……89
ムクナム……145
村上牛……77
村上茶……48
村上和紅茶……49

め
女池菜……10
夫婦茶筅（めおとちゃせん）……50

も
モズク……70
餅……28,148
餅草……23
モチ米……22,26,96,100
モッツァレラ……38
もってのほか……106
モノカルチャー……85
モモ（桃）……112,113
もやし……17

や
八色西瓜・八色っ娘……60
焼きいも……75
焼きなす……66
焼麩……34
焼きもち……95
やせうま・やせごま……26
ヤナギムシガレイ（ヤナギガレイ）……169,177
弥彦むすめ……82
山川……32
山ゴボウ……41,123
山田錦……117

ヤマトイモ・ヤマノイモ（山芋）……97
山もち……82
ヤリイカ……164

ゆ
ユウガオ……76
柚香里（ゆかり）……21
雪国乳酸菌……39
雪下キャベツ……147
雪下貯蔵……146
雪下ニンジン……147
雪解け水……57
雪室熟成……78
ゆきん子舞……85
ユズ（柚）・柚餅子（ゆべし）……21
ユリワサビ（百合山葵）……12

よ
ヨーグルト……39
ヨーグルト不老長寿説……39
羊かん……32
洋梨……112
ヨモギ……23,27,94
蓮団子……96
鎧湯……140

ら
ラーメン……126
落雁……30
ラ フランス……113

り
りゅうのひげ……107
緑茶……134
リンゴ……108

る
ル レクチエ……112

れ
冷凍すり身……157
レタス……16
レトルト米飯……89
レトルトパウチ食品……89
蓮根……150,158

ろ
ローリングストック……115
ロシアチョコレート……44

わ
ワイン・ワイン用ブドウ……116
ワカメ……68
ワサビ・わさび漬け……12
和三盆……32
わっぱ煮……72
和梨……112
ワラサ……163
わらびずし……176
ワラビ……15

ん
んぼんぼ……99,120

※「さくいん」を充実させたため文字が小さくなりましたが、ぜひご活用ください。

〈著者紹介〉

本間伸夫（ほんま のぶお）

1931（昭和6）年生まれ。新潟大学農学部卒業、農学博士。専門は食文化論。県立女子短期大学名誉教授。蔵書を寄贈した「本間文庫にいがた食の図書館」が2021年6月15日、新潟市中央区本町に開館。編著書：『日本の食生活全集15　聞き書 新潟の食事』（農文協、1985）、著書：『食は新潟にあり』（新潟日報事業社、2010増訂改訂）など

〈イラスト〉

大浜綾子（おおはま あやこ）

上越市出身。新潟デザイン専門学校グラフィックデザイン科卒業。『食は新潟にあり』、『新潟発Rにいがたの団子 新潟のせんべい』などの書籍イラストやグッズイラストを手掛ける。

新・食は新潟にあり
―新しい食と伝統の食―

2025年2月1日発行

著者	**本間伸夫**
イラスト	大浜綾子
装丁・デザイン	戸坂晴子
編集	髙橋真理子 （ニール）
編集協力	野崎史子
写真協力	新潟県観光協会 新潟観光コンベンション協会 田原澄子
協力	NPO法人にいがた食の図書館
発行	**株式会社ニール** 新潟市西区新中浜 6-3-11 TEL.025-261-7280
印刷	シナノ印刷株式会社

ISBN9784-909159-38-0

©Nobuo Honma 2024 Printed in Japan

＊本書の内容は2024年9月現在の情報です。
　商品名やパッケージなどが変更になる場合も
　ございますのでご了承ください。
＊本書の無断複写は、著作権法上の例外を除いて
　禁じられております。
＊定価はカバーに表示してあります。
　落丁・乱丁本はお取り替えいたします。

参考資料

1. 世界と日本の食と食文化に関するもの

石毛直道・辻静雄・中尾佐助監修：週刊朝日百科「世界のたべもの」、朝日新聞社（1980-1983）

食生活全集編集委員会：聞き書 日本の食生活全集、全50巻、農文協（1984-1993）

川上行蔵・西村元三朗監修：日本料理由来辞典、上中下、同朋出版社（1990）

野瀬泰申著：全日本「食の方言」地図、日本経済新聞社（2003）

石川寛子編著：放送大学教材・地域と食文化、（財）放送大学教育振興会（1999）

総務省統計局：家計調査

総務省統計局：全国家計構造調査

本間伸夫など著：県立新潟女子短大研究紀要（1988-1997）、日本食生活文化調査報告書（1988-1994）、新潟の生活文化（1998-2024）に掲載されている食文化の地域性、食消費の経時的変化、昭和初期の食生活の解析、などに関する一連の研究報告

2. 新潟県内の食と食文化に関するもの

新潟県農業改良協会編・著：にいがたの味 ―行事食・郷土食編―、新潟県農業改良協会（1981）

本間伸夫編・著：日本の食生活全集、聞き書・新潟の食事、農文協（1985）

新潟県教育委員会編：行事食、郷土食と学校給食、新潟県教育委員会（1986）

新潟県農林水産部監修：にいがたの味 ―米と料理―、新潟県農業改良協会（1988）

新潟県食生活改善推進委員協議会：にいがたの伝統料理、県生活改善推進協議会（1990）

渋谷歌子、本間伸夫など著：「新潟県の郷土食に関する研究」、県立新潟女子短大研究紀要（1978-1988）

新潟県食生活改善推進委員協議会著：にいがたのおかず、開港舎（2008）

髙橋真理子編：cushu手帖2023-24 新潟の酒蔵＆まちめぐり、NIEIL（2023）

その他、県内各地の郷土料理レシピ集など多数の刊行物